コモディティ化市場のマーケティング論理

恩蔵直人

有斐閣

目　次

第II部　製品ブランド対応

序章

コモディティ化した市場における新しいマーケティング

一九九〇年以降、マーケティングは大きな進化を遂げてきた。ブランド・エクイティ、経験価値、プロフィット・ゾーン、マスカスタマイゼーション、ラテラル・シンキング、リーン消費など、新しい枠組みや論理が次々と提唱されてきた。筆者が大学院においてマーケティングを学んだ時点では、これらの言葉はマーケティング用語にすらなっていなかった。従来のマーケティングをプロペラ機にたとえるならば、今日のマーケティングはジェット機にも相当するほどの進化を遂げていると言えるだろう。

このようなマーケティングにおける著しい進化にもかかわらず、マーケティング全体としての論理はほとんど整理がなされていない。ブランド・エクイティやリレーションシップなど、個別のマーケティング課題について深く掘り下げた良書はもちろん存在しているが、一つの視点から新しいマーケティングを体系的に論じた書はなかったと言える（Boyett and Boyett, 2003）。本書では、今日のマーケティングを「コモディティ化への対応」という視点から捉え、従来のマーケティング書では個別にしか扱われていなかった課題や枠組みを取り上げ、新しいマーケティングの論理として体系化を試みた。

1 伝統的なマーケティングの限界

本書の視点であるコモディティ化を筆者が意識するようになったのは、一九九〇年代の後半である。企業間における技術的水準が次第に同質的となり、製品やサービスにおける本質的部分での差別化が困難となり、どのブランドを取り上げてみても顧客側からするとほとんど違いを見出すことのできない状況がコモディティ化である。コモディティとは本来、麦やトウモロコシなどの「一般商品」や「日用品」という意味である。差別化されるべき製品においても、一般商品のように差別化が困難になっている状況をわれわれはコモディティ化と呼んでいる。コモディティ化への動きは、パッケージ製品の領域において以前から見られたが、耐久財、サービス、さらには生産財の領域においても、九〇年代後半になると次第に確認されるようになっていった。保険や銀行や輸送などのように、規制緩和や国際化が進むことにより競争が激化し、以前からコモディティ化していた状況が再認識されるようになった業界もあった。

そして今日、コモディティ化はあらゆる産業において無視することのできない課題となっている。セグメンテーション、ターゲティング、ポジショニングといったSTPを中心とする伝統的なマーケティング論理は、コモディティ化した市場においてかつての有効性を失いつつあり、伝統的なマーケティング論理を補完する新たなマーケティング論理が強く求められていると思われる。

マーケティングを心得た賢明な企業であれば、市場全体を狙うのではなく、市場の特定部分に対して資源を注ぎ込み、自社の製品やサービスが限られた市場にとって最善の選択肢となるように努力する。市場全体からすれば小さいが、当該市場においてはリーダー的な存在になれるからである。それゆえ、先発企業を除く多くの後発企業は、新製品の開発を進めるに当たり、STPの枠組みのなかで新しいサブ・カテゴリーに活路を求め、サブ・カテゴリーの創造に知恵を絞ってきた。

たとえば、かつて練り歯磨き粉の市場は大きな一つの塊であった。しかし今日では、市場細分化が繰り返された結果、虫歯予防、口臭予防、美白効果、そして歯周病予防などのベネフィットを特徴とする小さな市場に分割され、各市場のなかでユニークなブランドが輝きを放っている。

ところが、セグメンテーションが繰り返されるとセグメントの規模は次第に小さくなり、そこから得られる利益も縮小する。市場があまりにも断片化してしまうと、新製品を投入するに値するだけの余地は失われてゆき、ＳＴＰという基本枠組みの限界が顕在化しはじめる。同時に、各企業の技術的水準は同質化し、各ブランドの差別化ポイントは次第に乏しくなり、やがてコモディティ化へと落ち込んでいく。

現在ターゲットとしている市場を起点として深く突き進むという点において、ＳＴＰに代表される従来の枠組みをバーティカル・シンキングつまり垂直思考と呼ぶならば、新しい枠組みはラテラル・シンキングつまり水平思考と呼ぶことができる。第４章で取り上げるラテラル・シンキングとは、既存の情報を再構成して個から全体へと向かう考え方であり、できる限り取捨選択を差し控えた探索的な思考法と言える。その結果、ＳＴＰのような枠組みでは見落とされてきたニーズ、ターゲット、用途、状況、属性などが考慮の対象となり、新たな次元で規定されるような新製品アイデアを生み出しやすくなる。

コモディティ化が進む今日、どの企業も類似した製品による競争を余儀なくされている。製品面でなんとかブレークスルーを果たしたいと望んでも、容易に実現できないというのが現状だろう。そこで、新しい調査分析手法を取り入れたり、ブランドによる差別化を図ったり、優れた顧客対応を押し進めるなどして、多くの企業はコモディティ化への対応を検討している。しかしながら、マーケティングの思考がバーティカルである限り、実は、大きなイノベーションには結びつきにくい。本書では、ラテラル・シンキングをはじめとする最新のマーケティング研究の成果をできる限り生かすことにより、伝統的なマーケティング論理を補完する新しいマーケティング論理を提示し、現実に即したマーケティング論理の構築を試みた。コモディティ化に関心を抱く研究者たちには、マーケティングの発展可能性について、新たな議論を投げかけられるものと考えている。コモディティ化に悩む実務家たちには、マーケティングの有効性を再認識してもらい、本書の論理を実務に生かしてもらえるものと確信している。

2　コモディティ化の指標

ところで、コモディティ化は本当に進んでいるのだろうか。筆者自身も一人の顧客として、清涼飲料市場、家電製品市場、宅配便市場などをみると、確かにブランド間の違いは薄れており、どのブランドを取り上げても、本質的な違いは少なくなっているように感じられる。さまざまな業界に属する多くの読者も、コモディティ化という動きに対して賛同してもらえるのではないか

図 0-1　食品業界における販促費比較の上昇

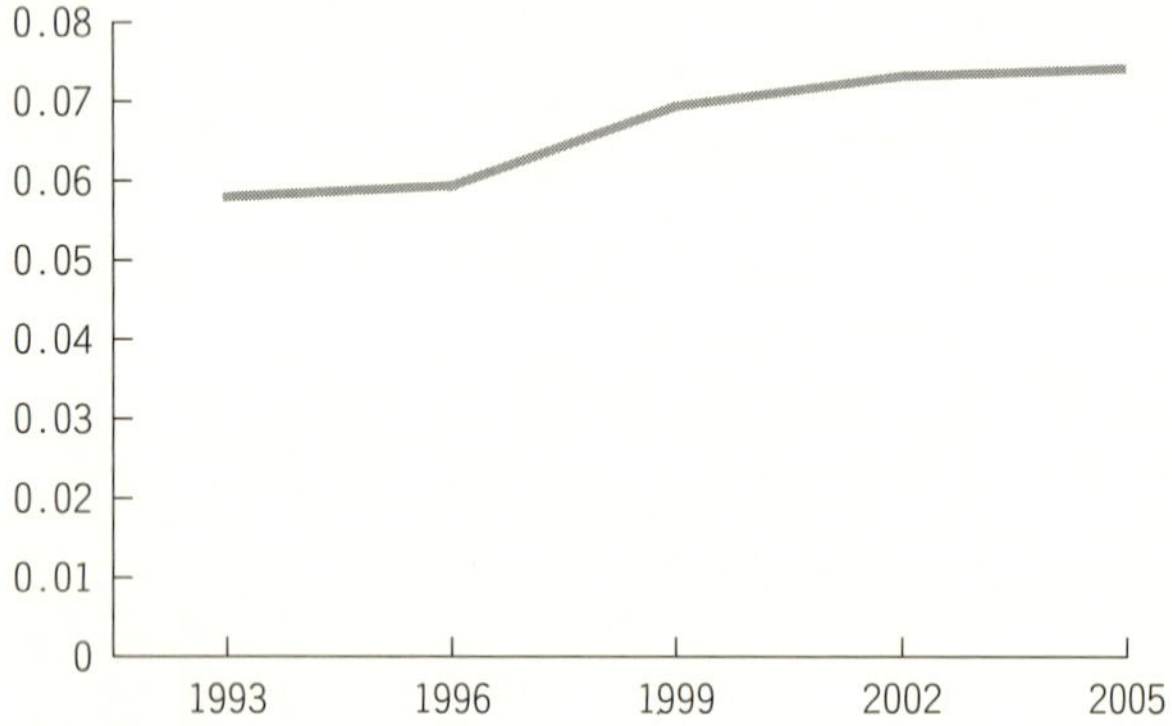

（出所）日経広告研究所（1994；1997；2000；2003；2006）より作成。

と思う。「コモディティ化尺度」のようなものが開発されていれば、一九九〇年代からの変化を測定できるかもしれない。しかし、残念ながら現在のところ、そうした尺度は存在していない。

そこで、コモディティ化そのものではないが、コモディティ化をある程度裏づけられると思われる指標を検討してみた。図0-1は、日経広告研究所が発行している『有力企業の広告宣伝費』をもとに、売上高に占める販売促進費の売上高に対する比率の変化を示したものである（日経広告研究所、一九九四；一九九七；二〇〇〇；二〇〇三；二〇〇六）。食品業界に属する上場企業（全国五市場、ヘラクレス、二〇〇五年のみジャスダックを含む）を対象に、一九九三年からの推移を見てみると、販促費比率は明らかに上昇傾向にあることがわかる。

ここでの販売促進費とは、販売手数料に拡販費・

表 0-1　主要企業の販促費比率の変化

	1993 年	1996 年	1999 年	2002 年	2005 年
日清食品	0.145	0.160	0.213	0.251	0.270
キューピー	0.048	0.053	0.059	0.080	0.092
キリンビール	0.029	0.038	0.061	0.066	0.066
サントリー	0.071	0.084	0.114	0.117	0.122
ライオン	0.141	0.192	0.212	0.228	0.242
トヨタ自動車	0.023	0.035	0.037	0.039	0.037
近畿日本ツーリスト	0.120	0.146	0.167	0.185	0.240

（出所）日経広告研究所（1994；1997；2000；2003；2006）より作成。

その他販売費を加えたものであり、問屋・特約店等に対する販売手数料・販売奨励金および同引当金繰入額、製品保証引当金繰入額、委託集金費、アフターサービス費である。これらの多くは、流通業にとって値引きの原資となる。コモディティ化が進み、ブランド間の差別化が困難になれば、どうしても価格競争へと陥りやすい。販促費比率の上昇は、コモディティ化の進行と強く結びついていると考えられる。

食品以外の業界では、販促費比率の一貫した増加を確認することができなかった。しかし、表 0-1 に見られるように、食品以外の業界に属する代表的な企業においても、販促費比率の上昇傾向は確認できる。表をみると、ライオン、トヨタ、近畿日本ツーリストなど、さまざまな業界の企業が販促比率を高めていることがわかる。

コモディティ化が進んでいることは、別の視点からも推測することができる。日経産業消費研究所が発表している「企業イメージ調査」をみると、「扱っている製品・サービスの質がよ

表 0-2　一般個人による企業イメージ評価

（単位：スコア）

	1990年	1995年	2000年	2005年
扱っている製品・サービスの質がよい	**29.6** (12.1)	**34.8** (14.1)	**39.8** (14.5)	**40.1** (16.5)
活気がある	34.9 (8.3)	35.9 (9.4)	36.7 (8.4)	35.2 (10.5)
安定性がある	47.6 (23.6)	54.4 (24.0)	46.4 (20.9)	51.0 (24.3)
個性がある	24.8 (8.3)	21.0 (8.6)	27.6 (8.3)	29.3 (9.7)
技術力がある	39.5 (10.7)	46.0 (11.2)	48.4 (10.0)	39.9 (10.0)
経営者が優れている	24.1 (4.8)	22.8 (4.1)	29.5 (3.0)	28.0 (3.5)
伝統がある	56.1 (22.1)	60.4 (23.6)	61.4 (23.9)	62.4 (26.6)

（注）　第1位企業のポイント，カッコ内は第100位企業のポイント
（出所）　日経産業消費研究所（1991；1996；2001；2006）より作成。

い」というイメージ項目のスコアが、他の項目に比べて大きく改善されているからである（日経産業消費研究所、一九九一；一九九六；二〇〇一；二〇〇六）。

表0-2は、一般個人によるイメージ項目のスコアである。一九九〇年における「扱っている製品・サービスの質がよい」という項目において、最高ポイントを挙げた企業はソニー（二九・六）であり、一〇〇位は丸善（一二・一）であった。ところが二〇〇五年になると、第一位はキヤノン（四〇・一）で、一〇〇位が三菱電機（一六・五）である。この一

五年間で、当該イメージ項目におけるスコアが大きく改善されており、各社の製品・サービスの品質が同質化してきているものと考えられる。

しかも、一〇〇位以内にランキングされている食品企業四社（味の素、キッコーマン、紀文、キューピー）に絞って当該イメージ項目の平均値をみると、一九・五から二六・八に改善されるとともに、バラツキの程度を示す標準偏差は二・〇から一・七に低下している。食品業界における上位企業は、扱っている製品の質を軒並み高めながら企業間の格差を小さくしているわけである。この傾向は、飲料企業四社（キリンビール、サッポロビール、サントリー、アサヒビール）においても確認することができ、平均値は一八・八から二六・八に上昇し、標準偏差は三・六から二・六に低下している。高品質での製品・サービス競争が展開されてきている証拠であり、コモディティ化が進行していると考えてもよいだろう。

一方、「活気がある」「技術力がある」「経営者が優れている」など他の多くのイメージ項目では、スコアに大きな改善が見られない。製品・サービスの質的向上に対する企業努力が消費者に評価されているわけであり、一九九〇年代から二〇〇〇年代にかけて、新たなマーケティングが求められているという潮流を読みとることができる。

さらに、日本経済新聞社が発表している「主要商品・サービス調査」の結果も、コモディティ化を裏づけている。調査対象の一〇〇品目のうち、九品目で市場シェアの首位が交代しているからである（日本経済新聞、二〇〇六）。市場シェアの首位交代は、前年の四件から倍以上の九件へと増えている。船舶や冷凍食品では企業の合併や買収による部分もあるが、デジタル分野などではわずかな工夫がヒットに結びつき、首位の交代をもたらしている。デジタル分野二二品目では、三品目で首位が交代し、一〇品目で二位から五位の順位に動きがあった。画期的な技術が乏しく企業の技術水準が平準化してきたことにより、わずかな違いで競争が展開されてきている様子を映し出している。

3 本書の構成

本書は、三つの部と九つの章で構成されている。

第I部は、「市場参入対応」であり、コモディティ化した市場の捉え方やそうした市場で求められる戦略方針が論じられている。第1章「コモディティ化した成熟市場での可能性」では、ビジネスの成果が市場の状況ではなく企業の戦略によって大きく左右されることを述べ、優れたマーケティングを展開すればコモディティ化した市場においても大きな成果を得られることが示されている。第2章「四つの顧客価値と市場参入戦略」では、市場参入時における具体的な四つの価値戦略が提示されている。既存製品と比べて自社製品の知覚差異が大きいか否か、既存製品カテゴリーとの違いが大きいか否か、という二つの軸で追求すべき価値戦略は左右される。第3章「リーン消費の実現」では、顧客の購買プロセスや消費プロセスを再評価することで、新たなビジネスが生まれる可能性が述べられている。コモディティ化によって、顧客が入手する最終製品やサービスに対する満足度は高くなっている。ところが、そうした製品やサービスを入手するまでのプロセスに対する満足度はそれほど高くはない。リーン生産方式によって生産プロセスの合理化が進められたように、リーン消費という切り口でコモディティ化を打破できる可能性がある。

第II部は、「製品ブランド対応」であり、コモディティ化に対応するうえでの製品マネジメントやブランド・マネジメントの課題が論じられている。第4章「製品開発の新しい発想法」では、差別化戦略における四つの方向性を示したうえで、伝統的な垂直的マーケティングを補完する水平的マーケティングの考え方が示されている。コモディティ化を打破するには、伝統的な製品開発の発想ではなく新しい製品開発の発想が求められるのである。第5章「製品開発における顧客志向と顧客代行」では、今日の市場における顧客志向の是非を論じたうえで、顧客代行という新しい考え方について論じている。第6章「ブランド構築のピラミッド・モデル」では、コモディティ化した市場におけるブランド構築の重要性を論じたうえで、ブランド構築に有効と考えられるピラミッド・モデルが紹介される。また、ピラミッド・モデルをいくつかのブランドに適用し、調査結果を用いながら具体的なブランド・マネジメントの方向性が述べられている。

第III部は、「組織課題対応」であり、コモディティ化した市場において全社的に取り組むべき組織上の課題が論じられている。第7章「社会志向のマーケティング」では、ビジネスを遂行していくうえで直面する危機の捉え方を考察し、社会的責任を戦略的に利用することで競争優位性が達成されるという論理が述べられている。第8章「マーケティングにおける利益志向」では、プロフィット・ゾーンの考え方を紹介し、利益志向のマーケティング論理を提示している。非プロフィット・ゾーンが市場の至る所に発生してくると、市場シェアを目標とする伝統的なマーケティング論理は有効性を失う。利益志向のマーケティング論理では、一部の顧客を切り捨てる発想を有したり、ソリューション志向を有したりする組織が強調されている。第9章「新しい利益モデルの構築」では、いくつかの利益モデルを提示し、自社の利益モデルを再考することの重要性が述べられている。利益を生み出すモデルは一つではなく、そうしたモデルが有効である期間も限られている。とすれば、利益を生み出す自社のモデルについて、組織として常に意識を高めておかなければならない。

◆参考文献

Boyett, Joseph H. and Jimmie T. Boyett (2003) *The Guru Guide to Marketing: A Concise Guide to the Best Ideas from Today's Top Marketers*, John Wiley & Sons（恩蔵直人監訳、中川治子訳『カリスマに学ぶマーケティング——1冊でわかる最新コンセプト』日本経済新聞社、二〇〇四年）.

日本経済新聞（二〇〇六）「首位交代、倍の9品目」『日本経済新聞』七月二四日付。

日経広告研究所（一九九四；一九九七；二〇〇〇；二〇〇三；二〇〇六）『有力企業の広告宣伝費——NEEDS日経財務データより算定』日経広告研究所。

日経産業消費研究所（一九九一；一九九六；二〇〇一；二〇〇六）『日経「企業イメージ調査」について』日本経済新聞社。

第 I 部

市場参入対応

第1章

コモディティ化した成熟市場での可能性

1 はじめに

コモディティ化した成熟市場への参入は、長い間、望ましい意思決定であるとは考えられていなかった。マーケティングのテキストでは、新市場を創造することが最も有効で、さもなければ、差別化可能な成長市場へ参入すべきであることが強調されてきた。新市場を創造できれば先発者優位を享受でき、また、成長市場へ参入すればライバル企業のパイを奪うことなく自社の成長が期待できるからである。ゼロサム・ゲームを展開する必要がなく、ブランド間の違いが明確であれば相手との直接対決を避けながら拡大することができる。したがって、「どの市場を選択するのか」という意思決定は、「どの戦略を選択するのか」という意思決定と同じくらい重要であると考えられてきた。

ところが、近年の企業行動を眺めると、コモディティ化した成熟市場への参入を余儀なくされていることに気づく。この背景として、多くの市場が成熟段階に入り、成熟市場で闘わざるをえないという動きがある。また、画期的な新製品を出しにくくなり、やみくもに新市場を創造するよりも、成熟市場のなかで創造的改善を進めようという動きもある（Schnaars, 1994）。さらに、成熟している市場そのものに光を当て、再び活性化させようとする動きもある（Baden-Fuller and Stopford, 1994）。

そして何よりも、成熟市場に身を置く企業は、新ブランドの導入やモデルチェンジにより、成熟市場への再参入を繰り返している。成熟市場の多くは技術的に安定しており、ブランド間の差別化が困難な状況下で競争は展開されている。新市場の創造などに比べると、成熟市場への参入は華々しさに欠け、話題性も少ないかもしれない。だが、今日の成功事例の多くは、成熟市場から生まれていることも確かである。

成熟市場への参入の論理は、先発優位性の論理や成長市場への参入の論理に比べて、これまで必ずしも十分に論じられることはなかった。むしろ軽視されてきたといってもよい。市場環境が変わり、マーケティング研究が高度化している今日、コモディティ化した成熟市場への参入の論理を新たな視点で考察してみることの意義は、決して小さくないものと思われる。

2　ミツカンとベネッセコーポレーション

議論を進めるにあたって、成熟市場で成功を収めている二つの事例を紹介しておこう。「成熟市場は侮れない」ということを、実感を持って認識してもらうためである。一つは納豆市場に参入したミツカンであり、もう一つはわが国のベビー誌市場に参入したベネッセコーポレーションである。

●納豆の常識を覆した「金のつぶにおわなっとう」

食の洋風化やお米離れなどにより、一時的に伸び悩んでいた納豆市場は、健康志向により一九九〇年代の前半から拡大傾向にあった。しかし、そうした拡大も長くは続かず、九〇年代の後半には頭打ちとなっていた。納豆の伝統的な差別化軸は単純であり、原料となる豆の大きさ（大きい、小さい、挽き割り）、豆の種類（黒豆、普通の豆）、豆の産地（国産、輸入）などしか考えられていなかった。このコモディティ化した成熟市場において二〇〇〇年、食酢市場におけるリーダー企業ミツカンは臭わない納豆「金のつぶにおわなっとう」を市場導入した。

ミツカンが市場調査を重ねるうちに、「納豆は好きだが、朝食べると臭いが気になる」「納豆そのものは体にもよく、食べたいが臭いが好きではない」といった消費者の存在が浮かび上がってきた。納豆ビジネスでは長い間、納豆菌つまり種菌を販売する業者と納豆菌を用いて納豆を生産する業者とが独立していたため、種菌の開発にまで踏み込んだ商品開発が進められることはほとんどなかった。しかも、あの臭いがあってこそ納豆であるという常識が、業界にも市場にも存在していた。この種の常識の打破にあえて挑戦したのがミツカンである（恩蔵、一九九五）。およそ二万種類にも及ぶ納豆菌から厳選して、特定の菌を用いることにより、臭いの著しく少ない納豆の開発に成功した。

納豆といえば、食品スーパーなどの店頭における代表的な特売アイテムであり、毎日のように値引きが繰り返されている。特売での売上が、納豆売上全体の約六割を占めることも知られている。それだけに、新しい顧客価値を伴った商品の開発は、ミツカンに納豆ビジネスでの自信を与えるとともに、「金のつぶ」というユニークなブランドの構築を可能にさせた。典型的なコモディティ化した成熟市場においてさえ、マーケティング上の工夫で躍進の可能性は残されているのである。

●縮小市場での成長

ベネッセコーポレーションによるベビー誌「たまごクラブ」「ひよこクラブ」も、ピークを超えたと思われた市場への参入によって成功を収めた事例である。一九七〇年代以降、ベビー誌市場は晩婚化や少子化などにより、縮小することはあっても成長は見込めなくなっていた。七〇年の段階で二・〇を超えていた合計特殊出生率（一人の女性が一生の間に産むこととなる子どもの数）は、九〇年に約一・五にまで減少していた。約二〇〇万人であった出生数も、一五〇万人を下回るようになっていた。しかも出生率は、九〇年以降も低下の一途を辿っており、近年の数をみると一・三を割り込んでいる。一見したところ、誰の目にも参入を計画するような有望市場に映らないのは明らかである。

ところが、ベネッセコーポレーションによって一九九三年に同時発売された二つの雑誌は、大きく市場シェアを伸ばし、今では市場リーダーの地位を確保している。「たまごクラブ」は妊婦が読むマタニティー雑誌で、「ひよこクラブ」は出産後の母親が読む育児雑誌である。マタニティーと育児には強い結びつきがあり、ネーミングによって二誌の連動性が明確に伝えられている。もちろん成功要因はネーミングだけではない。ママ記者と呼ばれる読者参加型の編集方針のもと、専門家による記事ではなく読者の体験から生まれた生の声が記事の中心となり、主婦だけではなく夫をも念頭に置いた記事も盛り込まれた。さらに、大量のテレビ広告など、優れたマーケティング戦略は随所に確認できる。講談社による「マタニティ」「ベビーエイジ」、主婦の友社による「バルーン」「私の赤ちゃん」などの既存雑誌とは、明確にマーケティング戦略が異なっていた。だが、それ以上に注目すべきなのは、競争の場となった市場が長い間低迷していたことであり、「たまごクラブ」「ひよこクラブ」の参入によりベビー誌市場は活性化し、再び拡大しはじめた点である。

成熟市場において成功している企業はこれだけではない。多数のブランドが乱立し、競争の激しいシャンプー市場において、市場を細かくセグメントするという一般的なマーケティング手法とは逆に、複数の女性タレントを起用することで幅広い女性層からの支持獲得に成功した資生堂「TSUBAKI」などは、成熟市場で大きな成果を収めている事例である。ガム市場においてはじめてボトル型パッケージを導入し、低迷していたガム市場に新風を送り込むことに成功したロッテ「キシリトールガム」や缶コーヒーに「時間」という新しい差別化軸を導入した「ワンダモーニングショット」などのように、既存ブランドのリニューアルを加えれば、成熟市場での成功件数は決して少なくない。成熟市場への参入の論理を再考することの意義は，ビジネスの現場をみれば明らかである。

3　成熟市場を狙うことの根拠

成熟市場への参入の論理を提唱することは単なる思いつきではない。もちろん，非現実的なことでもない。成熟市場への参入を肯定する論理とは何であろうか。本節では「在来企業の慢心」「創造的破壊への抵抗」「市場よりも戦略の重要性」という三つのキーワードで，成熟市場を狙うことの根拠を論じてみよう（恩蔵，一九九七）。

●在来企業の慢心

市場が成熟化するとともに，次第に業界内の創造性や革新性は低下する。成長段階に比べると，新規参入者は少なくなり，技術革新の速度が低下していく。業界内には確立されたオペレーションが蔓延し，いくつものルーチンや常識が形成されていく。これらは，ほとんどの成熟市場でほ

表1-1　市場の発展段階と革新性

(%)

	成長期	成長成熟期	安定成熟期
平均的な市場成長率	10.5	12.3	0.3
製品サービスの差別化指数	51.0	43.0	42.0
主要な技術変化が生じる比率	49.0	27.0	18.0
売上高に占めるR＆D費比率	3.1	2.0	1.7
新製品の販売比率	10.2	5.4	3.5

（出所）Buzzell and Gale（1987），pp. 201-204より作成。

ぼ共通して確認できる傾向である。

ＰＩＭＳ（米国で実施された市場戦略と収益性に関する研究プロジェクト）によるデータベースを用いた分析によると、市場の安定成熟期で主要な技術変化が生じる比率は一八％で、成長期における四九％の半分にも満たない。売上高に占めるR＆D費比率は、三・一％から一・七％へと低下する。過去三年以内に市場導入された新製品の販売比率をみても、三・五％しかなく成長期の三分の一でしかない（Buzzell and Gale, 1987）。市場の発展段階に応じた革新性の違いは、表１－１をみれば一目瞭然である。

緊張感の乏しい成熟市場で活動している在来企業には、やがて慢心が芽生えはじめる。たとえ革新的な新製品が登場しても、在来企業は現在の製品ラインの拡張としてではなく、異質な製品もしくは別の製品とみなすようになる。潜在的な脅威を脅威として認識できなくなり、在来企業は現在の供給内容に固執したマーケティング・マイオピアに陥りやすくなる（Levitt, 1960）。その結果、技術的な動きが少ないコモディティ化した成熟市場では、多くの在来企業が業界内部を志向し、業界外部に対する注意が相対的に低くなり、外敵への臨戦体制が欠落してしまう。とすれば、外部からの新規参入の機会は、新規参入が繰り返され激戦が展開されている成長市場よりも、成熟市場においてむしろ高いとも考えられる。

●創造的破壊への抵抗

成熟市場に身を置く企業が、すべて慢心しているわけではない。在来企業のなかには、早い段階で新規参入者の脅威を感じているものもある。ところが、迅速な対抗手段をとれない理由があり、参入者の成功確率を高めてしまう。その最大の理由は、既存製品と革新製品とを共食いさせたくないからである。確実に利益をもたらしてくれている既存製品を、あえてリスクを冒してまで不確実な新製品に替えようとしないだろう。創造的破壊が生じれば、既存の製品と技術は時代遅れのものになるか、もしくは、経済的な役割を低下させてしまう。成熟市場に身を置く企業による創造的破壊への抵抗が強いであろうことは、容易に想像することができる。

さらに、革新的な新規参入者との対抗上、過去に蓄積してきた経験によって在来企業が助けられるということはほとんど期待できない。成熟市場への新規参入者が、在来企業とまったく同じマーケティングを展開することはまずないからである。蓄積されている経験や知名度で優る在来企業に、新規参入者が同質化戦略を用いて挑んでも、ほとんど太刀打ちできないことは誰でも知っている。

テニスラケット市場において、グラスファイバーやカーボンなどの新素材が登場したとき、在来企業であるカワサキラケットやフタバヤはウッドに固執して迅速に対応できず、市場はプリンスやヨネックスなどの新興企業に奪われてしまった（山田、一九九五）。在来企業には過去の経験があるために、むしろ損害が大きくなることがある。経験とは、将来が過去の延長に位置するときのみ価値がある。新素材、新規格、新チャネルなどを伴って成熟市場へ参入してくる企業は、すでに形成されている市場のリーダー企業にとって最も厄介な存在であり、短期間で市場の勢力図が塗りかえられてしまうことも少なくない。

●市場よりも戦略の重要性

成長市場への参入に比べて、成熟市場への参入が決して不利ではないことを裏づける根拠もある。

Rumelt（1991）は、四〇〇社を超える米国企業が参加している連邦商業委員会のＦＴＣ（Federal Trade Commission）データを用いて、市場選択の重要性が低いことを指摘している。ある事業単位の収益性を最も左右する変数は、「どのような戦略を選択するのか」という意思決定である（四六・四％）。これに対して、「どの市場でビジネスを展開しているのか」という業界の選択は、収益性の八・三％しか説明していない。つまり、成果のおよそ半分は戦略の意思決定に依存しているのであって、どのような市場であるかはほとんど問題とされないのである。この分析結果は、成熟市場への参入者にとって大きな声援となる。成長市場への参入に比べて、成熟市場への参入そのものが、決して劣ることにはならないからである。

ある市場が成熟し停滞しているのは、収益を上げるうえで市場そのものに問題があるのではなく、そこに存在している企業に革新性や創造性が乏しいからである。逆の見方をすれば、ある市場が成長を続け活気があるのは、そこに存在している企業に革新性や創造性が溢れているからだと考える必要がある。

英国の鋳物業界におけるウィリアム・クック社の事例は、劣悪な市場環境においても企業は成長可能であることを立証している（Baden-Fuller and Stopford, 1994）。一九七〇年代の後半、英国の鋳物会社のほとんどは赤字で、業界全体の売上高は低下傾向にあった。供給量が需要量を上回り、多くの企業は投資を削減し、工場閉鎖に取りかかっていた。

こうした鋳物業界にあって、クック社の市場シェアはわずかに二％で、やはり例外なく赤字体質の会社であった。しかし、一九八一年に新社長となったアンドリュー・クックは、生産の効率を高め品質の向上を進めるために、八三年に投資に踏み切った。この投資はすぐに成果へと結びつき、翌年には一〇％の売上高利益率を達成した。クック社の躍進をみて他社も刺激を受け、経営努力に再び力を入れはじめた。業界全体としての低価格と高品質が実現すると、海外からの安価な仕入品に頼っていた顧客も戻ってきた。新規参入者も現れはじめ、業界全体の売上高が上昇し、業界の魅力度は高まっていったのである。

4　参入パターンの類型化

成熟市場への参入には、どのようなパターンがあるだろうか。一つには、競争回避の立場を取りニッチ市場を狙うのか、直接競争を辞さない立場を取り市場全体を狙うのかという次元がある。もう一つには、ビジョン主導で参入するのか、機会主導で参入するのかという次元がある。この二つの次元で参入パターンを整理してみよう。

●競争回避の参入

成熟市場への参入パターンの一つは、在来企業とのダイレクトな衝突を避ける競争回避型の参入である（Willard and Savara, 1988）。競争を回避するためには、在来企業によって軽視されていたり見落とされているニッチ市場を探さなければならない。こうしたニッチ市場の規模は小さく、在来企業にとっては重要でないことが多い。そのため、在来企業は新規参入者たちを自分たちのライバルとはみなしにくい。

ある業界における新規参入者の立場が、はじめから強固であることはない。それだけに、可能な限り参入段階での競争を避けたいと考えても不思議ではないだろう。その点、競争回避型の参入パターンに従えば、立場が弱い段階において、在来企業からの抵抗を最小限にとどめることができる。ニッチ市場での立場が固まり、名声を高め力を蓄えたあと、競争の激しいメインとなる市場へ本格的に進出するのである。

競争回避型の参入における典型例は、米国ホンダにみることができる。米国市場への参入にあたり、米国ホンダは小型バイクで参入した。ハーレー・ダビッドソンのような在来企業からすれば、小型バイク市場はほんの些細なものでしかなかった。ところが、徐々に力をつけていったホンダは、次第に大型バイクを扱うようになり、米国のオートバイ市場の本流へ躍り出ていった。ポータブルテレビ市場を足掛かりに、コンソール型テレビ市場へ進出したソニーも同じ参入パターンを採用している。さらに、キッコーマンによる肉用調味料市場への参入も、競争回避型でスタートした。「ステーキしょうゆ」によって、肉用調味料市場におけるニッチ市場であるステーキソース市場へと参入し、その後、「赤だれ」「黒だれ」によって、メイン市場である焼き肉のたれ市場へと乗り出していった。現在では、後継ブランドである「わが家は焼き肉屋さん」を導入し、焼き肉のたれ市場に根づいている。

●直接競争の参入

もう一つの参入戦略は、最初からメインとなっている市場に乗り出す戦略である。在来企業に真っ向から挑むことになるため、何の工夫もなければ抵抗は激しくなる。そのため、マーケティング上の革新を伴っていることが求められる。

直接競争を仕掛ける場合には、すでに述べたような「在来企業の慢心」や「創造的破壊への抵抗」も期待できなければならない。強力でしかも迅速な反発を受けずに済むからである。

中古書籍や中古CDなどのリユース・ショップで知られるブックオフ（BOOK・OFF）は一九九〇年五月四日、坂本孝氏によって神奈川県相模原市で一号店が開かれ急速な成長を遂げてきた。約四年で一〇〇店舗に拡大し、二〇〇〇年には五〇〇店舗、〇五年には八〇〇店舗に到達している。〇七年三月末の店舗は八八八店となっている。

中古書籍ビジネスといえば、「古本屋」として学生街に軒を並べていた。しかし、活字離れが進むことで多くは転廃業して、業界としては衰退の一途を辿っていた。そうしたなか、同社は従来の狭くて暗い古本屋のイメージを払拭し、広々とした明るい店舗チェーンに乗り出した（熊野、二〇〇二）。従来からの中古書籍ビジネスには、仕入値と売値を決定する目利きが不可欠だった。しかしブックオフでは、仕入値は一割で売値を五割、三カ月売れ残ったら一〇〇円で販売するといった、一定のルールを設けることで、目利き不要のチェーン展開を可能とした。

持ち込まれた古本はそのまま売るのではなく、きれいに加工することで商品価値を高め、古本を敬遠していた女性層も取り込むことに成功した。「古本、買います」などではなく、「読み終わった本をお売りください」というキャッチコピーにも、顧客を見据えたブックオフの工夫が秘められている（谷川、二〇〇六）。坂本氏は後に、橋本真由美氏が考案したこのキャッチコピーを成功要因の一つに挙げている。ブックオフは年中無休で、豊富な商品を毎日入れ替えることにより鮮度を保ち、見やすくて探しやすいカテゴリー別陳列を実施している。

●ビジョン主導の参入

参入のきっかけが何であるのかによって、成熟市場への参入パターンを類型化することもできる。きっかけの一つにビジョンがある。参入後の将来像をビジョンとして打ち出し、その実現に向けて参入するパターンである（Perry, 1990）。ビジョン主導による参入では、革新的なアイデアを伴っていることが多く、業界の構造変革を引き起こすこともある。業界を再定義したり、古い慣行に挑戦したりもする。市場状況に能動的に働きかける参入ともいえる。

この型の参入で重視されるのは、現在どのような経営資源を有しているのかではなく、将来どのような経営資源を蓄積していくのかである。ビジョンによって描かれる自社の将来の姿と現在の姿とにはギャップがある。このギャップを埋めるために、技術開発や設備投資を進め、ビジョンを実現するために不可欠な資源を蓄積していく必要がある。

ザ・ボディショップの創立者であるアニータ・ロディックは、化粧品業界における「女性に夢を売る」といった通念を否定することで参入した。多くの女性は、魅力的になることに企業が考えるほど振り回されることはない。彼女たちは美に対してもっと気楽に考え、環境問題にも配慮した化粧品を求める、と仮定された。そのためザ・ボディショップの動きは、化粧品業界とはまったく逆の方向に向いていた。化粧品に対するアニータの明確なビジョンがあり、それを実現するかたちでビジネスが育っていったのである。

●機会主導の参入

すでに蓄積されている経営資源を多面的に活用することにより、成熟市場に参入することもできる。もう一つのきっかけとは、現有の経営資源を利用できる市場の存在である。既存の市場状況に受動的な姿勢で参入するため、業界の構造変革を引き起こすようなことはあまりない。

この型の参入で重視されるのは、将来どのような経営資源を蓄積していくのかではなく、現在どのような経営資源を有しているのかである。あくまでも現有の経営資源を別の市場で利用できるかどうかが参入のポイントである。

一九九六年に保険業法が改正され、生保と損保が相互乗り入れ可能となった。保険会社には、販売チャネル、保険料収納事務におけるノウハウ、営業推進方法などの経営資源が蓄積されている。これらの経営資源は、生保から損保へ、損保から生保へ利用可能であり、多くの保険会社は規制緩和により、機会主導型のパターンでもう一方の保険市場へと参入した。

5　むすび

成熟化とコモディティ化とはきわめて密接に結びついているが、必ずしもイコールではない。一般にコモディティ化とは、市場の伸びが止まり成熟化し、用いられる技術が安定的になることで生じるが、市場が成熟化していても技術革新は生まれ、明確な差別化が実現することはある。第2章や第4章で取り上げている洗濯機市場などは、成熟市場のなかで一時的に脱コモディティ化が実現しているケースである。

本章では、「コモディティ化した成熟市場」を念頭に置いて論じてきたが、伸び悩む成熟市場に焦点が当てられているため、ことさらコモディティ化を意識する必要はないかもしれない。今日の市場の大半が成熟化していることを考えると、本章での主張は今日のビジネス全体に結びついているといえるだろう。

市場参入パターンに関する従来の考察の多くは、市場のライフサイクル、自社の競争地位、参入順位などの視点で議論されてきた。成長段階と成熟段階とでは、有効となるマーケティング・ミックスは異なるはずである。また、フォロワーとして市場参入するのかニッチャーとして参入するのかでは、採るべき戦略は異質なものとなるだろう。さらに、先発であるか後発であるかといった視点も、競争優位性を大きく左右する。

ところが、コモディティ化した市場への参入を前提とするならば、ライフサイクルや競争地位や参入順位といった視点からの議論の重要性は相対的に低下し、新たな視点による議論がクローズアップされるようになる。次章では、顧客価値という視点を取り上げることで、コモディティ化した市場における参入戦略の方向性について論じてみよう。

◆参考文献

Baden-Fuller, Charles and John M. Stopford (1994) *Rejuvenating the Mature Business: The Competitive Challenge*, Harvard Business School Press（石倉洋子訳『成熟企業の復活――ヨーロッパ企業はどう蘇ったか』文眞堂、一九九六年）.

Buzzell, Robert D. and Bradley T. Gale (1987) *The PIMS Principles: Linking Strategy to Performance*, Free Press, Chapter 10（和田充夫・八七戦略研究会訳『新ＰＩＭＳの戦略原則――業績に結びつく戦略要素の解明』ダイヤモンド社、一九八八年、第一〇章）.

熊野信一郎（二〇〇一）「若者が慕う『古本一家』の父」『日経ビジネス』一一月一〇日号、九四-九七頁。

Levitt, Theodore (1960) "Marketing Myopia," *Harvard Business Review*, Vol. 38, No. 4, pp. 45-56.

恩蔵直人（一九九五）『競争優位のブランド戦略――多次元化する成長力の源泉』日本経済新聞社。

恩蔵直人（一九九七）「成熟市場への参入戦略」『企業診断』第四四巻、第一一号、三七-四二頁。
Perry, Lee Tom (1990) *Offensive Strategy: Forging a New Competitiveness in the Fires of Head-to-Head Competition*, Harper Business（恩蔵直人・石塚浩訳『攻撃戦略――競争の試練で企業力を鍛える経営』ダイヤモンド社、一九九三年）.
Rumelt, Richard P. (1991) "How Much does Industry Matter?" *Strategic Management Journal*, Vol. 12, No. 3, pp. 167-185.
Schnaars, Steven P. (1994) *Managing Imitation Strategies: How Later Entrants Seize Markets from Pioneers*, Free Press（恩蔵直人・坂野友昭・嶋村和恵訳『創造的模倣戦略――先発ブランドを超えた後発者たち』有斐閣、一九九六年）.
Smith, Clayton G. (1995) "How Newcomers can Undermine Incumbents' Marketing Strengths," *Business Horizons*, Vol. 38, No. 5, pp. 61-68.
谷川博（二〇〇六）「母性で引っ張る古本一家」『日経ビジネス』七月二四日号、一五〇-一五三頁。
Willard, Gary E. and Arun M. Savara (1988) "Patterns of Entry: Pathways to New Markets," *California Management Review*, Vol. 30, No. 2, pp. 57-76.
山田英夫（一九九五）『逆転の競争戦略――リーダー企業の「強み」を「弱み」に変える』生産性出版。

第2章 四つの顧客価値と市場参入戦略

1 はじめに

市場参入に関する議論はこれまで繰り返し試みられてきた。そして、先発優位性や後発優位性など、多くの優れた研究成果が発表されている（Robinson and Fornell, 1985; Kerin, et al., 1992; Schnaas, 1994）。ところが、その多くは市場参入における順位にもっぱら光を当て、市場参入順位に結びついた優位性のメカニズムを解明したり、市場参入順位に応じた戦略枠組みを提示したりすることに主眼を置いてきたように思われる。

確かに、先発ブランドとして大きな差別化を実現できれば、既存製品カテゴリーとの違いを訴えやすく、また顧客からみた知覚差異も大きいものと思われる。伝統的な市場においては、先発ブランドであるということと差別化水準や顧客価値水準の高さは表裏一体となっており、顧客価値について考慮せずに、市場参入順位を論じることができた。実際、市場参入で議論される先発ブランドの多くは、部分的な改良製品や風味やサイズを追加した拡張型製品ではなく、市場にとって新しさを訴えることのできる革新的価値を備えた製品であった。

ところが、第1章でも述べたとおり今日の市場を眺めてみると、多くの市場においてコモディティ化が進んでおり、革新的な新製品を期待することは難しくなっている。食品や飲料などのパッケージ製品においては言うに及ばず、ジェットエンジンやエレベーターなどの大型生産財、さらには宅配やコンサルテーションなどのサービスにおいてもコモディティ化は進んでいる。しかし、こうしたコモディティ化市場に身を置く企業であっても、知恵を絞り新たな価値を付加し、有利なブランド競争を展開することが可能である。実際、製品パフォーマンス的には明確な違いはなくても、大きな成果を収めている後発の新製品もある。市場参入順位にのみ注目して、パフォーマンス面での革新性が乏しいという理由によって、後発ブランドとして同列に扱うことは今日の状況にそぐわないように思われる。

コモディティ化に関する研究は、消費者行動論やブランド論などの領域において蓄積されつつある。とくに、近年のブランド論の多くは、それがコモディティ化に立ち向かうことのできる有力な手段であるという認識のもとに展開されているようである。だが、市場参入といえば革新性がまず念頭に置かれており、そもそもコモディティ化とはなじまなかったこともあり、市場参入とコモディティ化をダイレクトに結びつけた議論は試みられていない。経験価値などの新しい顧客価値の枠組みが確立されつつある今日、革新性に基づいた独自価値だけではなく、別の顧客価値をも盛り込んだ枠組みで市場参入について考察することの意義は大きそうである。

そこで本章では、コモディティ化が進む市場において、新しいブランドが市場参入時に検討すべき枠組みを四つの顧客価値と結びつけて議論する。また、そうした四つの顧客価値を生み出すうえで有効となりうるマーケティング発想についての考察を試みる。

2　市場参入戦略における四つの方向性

現実のビジネスにおいて、先発になれるか否かは大きな問題である。さまざまな製品が溢れている今日の市場において、新しい製品やサービスで新しいカテゴリーを切り開くことは至難のわざともいえる。アップル社のMP3プレーヤー「iPod」のような製品やヤマト運輸の「宅急便」のようなサービスは、そう簡単に生まれるものではない。熱い思いを込めて開発した製品やサービスであっても、その多くは顧客から「本当に新しい」とみなされることなく、単なる後発組の一つとして片づけられてしまう。先発にはなれなかった後発組が、コモディティ化した市場への参入にあたって講じることのできる方策はないのだろうか。

従来、市場参入戦略の焦点は参入順位にのみ当てられていた。先発であるか後発であるか、後発であるならば先発からどれくらい期間的に遅れているのか、順位的に何番かといった問題が検討されてきた（Urban et al., 1986）。だが、企業が採るべき市場参入戦略は、顧客にとっての提供価値という視点を加味することで、いくつかの新しい方向性を見出すことができる。具体的には、「経験価値戦略」「品質価値戦略」「カテゴリー価値戦略」「独自価値（先発）戦略」という四つの方向性である（恩蔵、二〇〇五、二〇〇六）。

これらの方向性は、顧客が当該新製品に接したときにパフォーマンスの違いを認識できる水準としての「知覚差異」、既存の製品カテゴリーと比較した場合に違いを認識できる水準としての「既存製品カテゴリーとの違い」という二つの軸を用いて整理することができる（図2-1）。ここでいう製品カテゴリーとは、顧客による製品の分類枠に依存している。カテゴリー化という認知メカニズムによって、顧客は製品を自らの世界観のなかで解釈し、当該製品の理解を促進する

図 2-1　４つの市場参入戦略

既存製品カテゴリーとの違い

知覚差異 ＼ 既存製品カテゴリーとの違い	小	大
小	**経験価値戦略** コモディティ化市場での新製品	**カテゴリー価値戦略** コモディティ化市場での新製品
大	**品質価値戦略** 中程度のコモディティ化市場での新製品	**独自価値（先発）戦略** 新たに創造された市場での新製品

ことができる（Peter and Olson, 1987)。

知覚差異が小さくて既存カテゴリーとの違いも小さいような新製品では、経験価値戦略を検討すべきである。この種の新製品はパフォーマンス上の優位性を備えていないため、何も工夫しなければ単なる後発ブランドでしかなく、価格を引き下げるなどの手を打たないかぎり顧客は受け入れてくれない。そこで、パフォーマンスとは切り離されている別の顧客価値である経験価値が浮かび上がってくる。経験価値とは、製品の機能面での価値とは別に顧客の五感や感情に訴えることによって生まれる価値であり、Schmitt（1999）らによって提唱されている。経験価値を付加することによって、コモディティ化した製品カテゴリーにおける後発ブランドも活路を見出すことができる。

新製品が既存カテゴリーの延長上にあっても、

顧客による知覚差異が明確であれば品質価値戦略を実施すればよい。顧客はパフォーマンスの高さによって当該新製品を受け入れてくれるはずである。反対に、知覚差異が低くても、既存カテゴリーからの違いを訴えることができる新製品であればカテゴリー価値戦略が適している。カテゴリー価値戦略における成功の鍵は、コモディティ化している市場において、新しいサブ・カテゴリーが構築されたことを消費者に納得させられるか否かにある。

最後は、知覚差異が大きく既存カテゴリーとの違いも大きい新製品の場合である。このような場合には、市場を新たに創造し、独自価値（先発）戦略を採用するとよいだろう。伝統的な先発ブランド戦略の枠組みが適用され、オリジナルであること、先発ブランドであること、世界初であることを強調すれば、先発優位性が発揮されるだろう。

3　四つの市場参入戦略

市場参入戦略を整理する二つの軸について説明したので、次に四つの市場参入戦略について詳しく論述してみよう。

●経験価値戦略

多くの製品カテゴリーにおいてコモディティ化が進んだことにより、顧客はブランド間の実質的な違いを感じ取れなくなっている。素材や製法の独自性を訴えながら、企業が新製品であることを強張して市場に導入したとしても、多くの顧客にとっては微々たる違いでしかなく、先発ブランドとして受け止められることは少ないようである。ブランド間の知覚差異は低い状態にあり、従来からの製品カテゴリーとの違いもほとんどない。つまり、顧客に対して品質価値を強調することもカテゴリー価値を強調することも、ほとんど有効には機能しない。顧客は新製品のパフォーマンスの高さを認識できないし、いくらサブ・カテゴリーであるとして訴求されていても、顧客はそれをサブ・カテゴリーとして受け止めないからである。

このようなときに注目してほしいのが経験価値戦略である。当該新製品が有する経験的な価値（感覚、物語、歴史、驚きなど）に焦点を当てながら、顧客マインド内に独自のポジションを築くことが狙いである（Schmitt, 1999）。製品パフォーマンスに大きな違いがなくても、もちろんサブ・カテゴリーでなくても、経験価値という軸によって、ユニーク性を打ち立てられる可能性がある。伝統的な顧客は理性的な価値を追求してきたが、今日の顧客はもっと刺激を受けたり、楽しんだり、教育されたり、チャレンジしたりといった感情的価値も重視するようになっており、経験価値が受け入れられる土壌はできあがっている。経験価値戦略の実施は、戦いが展開される土俵の変更を意味しているのではない。同じ土俵において、従来からの技だけに頼るのではなく、新しい技で競争に挑む姿勢を意味しているのである。

経験価値によって成功を収めていると思われる製品に、サントリーの緑茶飲料「伊右衛門」がある。この製品には、福寿園の茶匠が厳選した茶葉を使用していたり、石臼挽き茶葉を加えることでお茶の甘みを引き立てているなど、新しい製法や品質上の特性がないわけではない。だが、多くの顧客が味の違いを明確に認識できるというほどの違いが実現されているわけでもない。緑茶飲料市場はコモディティ化しており、「お〜いお茶」や「生茶」をはじめ、多くのブランドがわずかな違いで競争を展開している。その一方で、京都の老舗茶葉屋「福寿園」や初代店主の名である「伊右衛門」といった物語や歴史は、一度聞けば誰もが納得でき、受け入れやすい。しかもパッケージは、京都や老舗を連想させる竹をイメージした作りとなっており、手に持った瞬間の感覚で違いを実感できる。こうした経験価値の集合体がブランドの差別化を生み出し、ブランドの強みに結びついていると考えることができる。

経験価値を取り上げて説明しないかぎり、ダイヤカット缶を採用したキリンビールの「氷結」やサードプレイスを提供する「スターバックス・コーヒー」は、単なる後発ブランドに分類されてしまい、その成功を適切に説明することはできないだろう。マーケティング担当者は、製品が備えている本質的な品質に基づいた価値とは別の顧客価値が存在していることをもっと強く認識すべきである。

●品質価値戦略

後発である自社製品のほうが先発製品よりも品質的に優れていることを訴えようとするのが品質価値戦略である。市場への参入順位では遅れているが改良や工夫を重ねており、品質的には優れている場合は少なくない。より優れた製品であることを強調するこの戦略はベター・プロダクト戦略として親しまれており、これまでも多くの企業によって採用されてきた。とくに、今日のコモディティ化が進みつつある市場であっても、新製品の品質における違いを顧客が明確に感じ取れる場合、企業は品質価値戦略を採用することができる。薄型テレビやパソコンなどのハイテク製品では、製品のパフォーマンスが数値として明示されているし、顧客の使用実感においても明らかになりやすいため、品質価値戦略が有効に機能しやすいようである。品質価値戦略には、同じ土俵にとどまりつつ従来からの技を磨きながら競争に挑むといったイメージがある。

品質価値戦略に基づく製品の一つに、第4章で詳しく述べる松下電器産業の「ななめドラム式洗濯乾燥機」がある。従来の横型ドラム式洗濯機は、「衣類を出し入れする際にかがまなければいけない」「奥まで手が届かない」といった問題を抱えていた。そこで、ドラムを斜めにすることで、洗濯物の出し入れを容易にするとともに、節水効果も引き上げることに成功した。誰がみても、洗濯機というカテゴリーの延長であるが、製品パフォーマンスは明らかに引き上げられている。

ハイテク製品や家電製品のような耐久製品でなくても、品質価値戦略は実現できる。いなばペットフードの「CIAO」では、ツナ缶などの副産物としての位置づけでしかなかったペットフードにおいて一から猫のために作るという考え方を導入し、品質価値戦略を実施した（井上・恩蔵、二〇〇四）。キャットフードという点ではまったく違いはないが、マグロの白身だけを用いて、血合いや削りかすの詰められた従来製品とは明確な品質の違いを実現した。また、缶のトップ面には中身の写真を印刷したラベルを貼りつけ、中身のきれいさやおいしさを訴えた。

顧客にとっての価値とは、ベネフィットをコストで除することによって求められることが多い（Kotler, 2000）。ベネフィットを引き上げコストを引き下げれば顧客価値は高まるが、コストを一定にしてベネフィットだけを高めたり、ベネフィットを一定に保ちコストだけを引き下げても顧客価値は高まる。もちろん、ベネフィットの低下以上にコストを引き下げてもよいし、コストの上昇以上にベネフィットを引き上げてもよい。ここで述べている品質価値戦略とは、コストの上昇以上にベネフィットを引き上げている場合か、コストが一定でベネフィットを引き上げている場合であり、しかも競合ブランドと比較して、明らかに顧客価値が大きくなければ成功しない。コストの代表的変数は価格であり、ベネフィットの代表的変数は品質であることを考慮すると、品質価値戦略は価格に焦点を当てるのではなく、品質に焦点を当てながら顧客価値を引き上げようとする戦略であるといえる。

●カテゴリー価値戦略

従来から存在している製品カテゴリー内で優れていることを強調するのではなく、サブ・カテゴリーの構築に力点を置こうとするのがカテゴリー価値戦略である。同じ新製品であっても、顧客への見せ方と情報発信における工夫と知恵がこの戦略では求められる。顧客は単に既存のカテゴリーを受動的に処理するだけではなく、能動的に独自のカテゴリーを創出しうることがわかっている（Barsalou, 1985）。カテゴリー価値戦略では、自己に有利なように土俵を狭くして、そうした土俵を顧客に認知させ、戦いを意図的に回避することが求められる。狭められた土俵のなかでは、自社に有利となるような技ともいえる知覚上の操作が鍵となる。

ペンの軸をはじめて太くすることにより高級万年筆カテゴリーを創造した「モンブラン」、骨の強化を促す健康納豆カテゴリーを作ったミツカン「ほね元気」、体脂肪率を引き下げる高濃度茶カテキンによって健康緑茶飲料カテゴリーを築いた花王「ヘルシア緑茶」などを思い起こしてほしい。いずれもパフォーマンスにおける知覚差異は低いが、サブ・カテゴリーの形成に成功し市場にしっかりと根づいている。顧客にとって意味のある情報の表象を作り出せたならば、新しい意思決定へと結びつくことが明らかになっており、カテゴリー価値戦略の理論的裏づけとして位置づけることができる（Coupey and Nakamoto, 1988）。

かつて、リーバイスがオフィス・カジュアルという社会の動きに呼応して、「ドッカーズ」というコットンパンツを導入した（恩蔵、二〇〇〇）。その際、リーバイスは腿のあたりが少しゆったりしている程度でさしたる違いのないコットンパンツによって、オフィス・カジュアル向けのサブ・カテゴリーの創造に成功した。サブ・カテゴリーとして消費者に受け入れられたために、リーバイスは当該サブ・カテゴリーにおける先発ブランドとして競争上の優位性を発揮することができたのである。

●独自価値戦略

最後は画期的な新製品を開発できたときの独自価値（先発）戦略である。先発ブランドは多くの優位性を備えている。先発ブランドには、いわゆるうま味のある市場を狙えるというメリットがある。新製品を真っ先に購入する顧客層は、価格にあまり敏感ではないため、先発ブランドは高価格を設定することができる。また、ライバル企業が参入する前であれば、厳しい価格競争に陥ることもないだろうし、原材料などの稀少資源をいち早く押さえることもできるだろう。以上のような先発ブランドのメリットはこれまでにも繰り返し議論されており、先発優位性の重要性そのものに異論を述べる人は少ないはずである（恩蔵、一九九五）。独自価値が実現されるということは、既存の土俵で戦うというよりも、新たに土俵を設定し、新しいゲームに乗り出すようなものである。ゲームをいち早く熟知した先発企業は、後発企業を有利な立場で迎え撃つことになる。

独自価値を有するブランドは、それまで存在していなかったという理由からある種の雛形となり、「ウォークマン」や「iPod」のように新カテゴリーの代名詞として位置づけられることがある。「ウォークマン」でなくても携帯オーディオプレーヤーがウォークマンと呼ばれたように、「iPod」でなくても類似製品は iPod と呼ばれたりする。過去になかった製品であればあるほど、先発ブランドは代名詞として用いられる傾向にある。また、先発ブランドにのみ許される「オリジナルである」や「先発ブランドである」というメッセージは、年を経たとしても色褪せないことが知られている（Alpert and Kamins, 1995）。

自社ブランドが新製品カテゴリーの代名詞として用いられることは、企業としてこの上ない誉

表 2-1　普通名詞化しつつあるブランド

ブランド名（普通名詞）	企業名
宅急便（宅配便）	ヤマト運輸
万歩計（歩数計）	山佐時計計器
ファミコン（家庭用ゲーム機）	任天堂
ウォシュレット（温水洗浄便座）	TOTO
エレクトーン（電子オルガン）	ヤマハ
バンドエイド（救急ばんそうこう）	J&J
マジックテープ（面ファスナー）	クラレ

れである。だが、ブランドが代名詞を超えて普通名詞として認識されるようになると、話は別である。贅沢とも言える悩みのようであるが、当事者にとってはきわめて深刻な問題になる。「万歩計」「ファミコン」「ウォシュレット」が登録商標、つまり特定企業のブランド名であると認識している消費者は少ないかもしれない。普通名詞化が極端に進むと、「ジェットコースター」や「ブラジャー」のようにもはやブランド名としてではなく、カテゴリー名とし捉えられるようになり、ブランドとしての価値が崩壊してしまうのである。

市場導入段階におけるコミュニケーションが不適切であると、ブランド名だけが一人歩きして普通名詞になってしまうことがある（表2-1）。独自価値戦略では、ブランドに企業名やスローガンを結びつけるなどして、ブランドが普通名詞化することを回避しなければならない。

4 顧客価値とマーケティング発想

製品の特性に応じて、企業が訴求すべき顧客価値の方向性が明らかになった。では、そうした価値を備えた製品はどのようなマーケティング発想のもとで開発されやすいのだろうか。マネジリアル上のインプリケーションを求めるのであれば、組織文化や組織行動とも強く結びついたマーケティング発想について整理しておく必要がある。

カテゴリー価値は、伝統的なマーケティング発想であるSTP型マーケティングとなじみやすいものと思われる。STP型マーケティング発想では、ある特定の市場全体を狙うのではなく、何らかの切り口でセグメントを実施し、ターゲットを規定し、ポジショニングの検討が進められる。最も一般的なマーケティング発想といえる。こうしたマーケティング発想のもとで生み出される製品は、絞り込まれた市場内で異彩を放つことが試みられているため、カテゴリー価値を生み出しやすい。虫歯予防、歯周病予防、美白効果などを訴えた練り歯磨き粉の各ブランド、セクシーでスタイリッシュさを求める若者を狙った「Express」や洗練されたファッションリーダーを狙った「The Limited」などのファッション店、さまざまな雑誌ブランドなどは、STP型マーケティング発想のもとで生まれた例といえる。

一方、独自価値を生み出したいのであれば、STP型マーケティング発想はあまり有効とは思えない。どうしても既存の製品カテゴリーに縛られてしまい、革新的な製品を生み出すという点では劣っているからである。STP型マーケティング発想を補う発想の一つに、第4章で詳しく述べるラテラル・マーケティング発想がある。このマーケティング発想では、製品開発の出発点において意図的に矛盾を導き出し、既存製品とのギャップを引き起こそうとする（Kotler and Trias de Bes, 2003）。STP型マーケティング発想が分析に基づいた論理性を重視するのに対して、ラテラル・マーケティング発想は連想に基づいた創造性を重視するといえる。

富士フイルムの「写ルンです」のような製品は、従来のカメラとは明らかに一線を画している。カメラとフィルムが一体化しており、カメラ市場が成長したというよりも、新たな市場が創造されたとみるべきだろう。カメラにフィルムを入れて写真を写すといった従来の製品に対して、「フィルムなしで写真を撮る（除去）」といったギャップを出発点としており、思考の水平移動がなされている。何らかのギャップを引き起こして、その矛盾を埋めるプロセスで、新たな製品アイデアが浮かび上がってくる。ラテラル・マーケティング発想においてギャップを引き起こす方策としては、逆転や除去や並べ替えなどが知られている。もちろん、「写ルンです」がラテラル・マーケティング発想に基づいて生まれたという保証はない。だが、少なくともラテラル・マーケティング発想を試みることにより、「写ルンです」のような画期的なアイデアが浮かび上がってくるプロセスを論理的に説明できることは確かである。

品質価値を実現するためには、製品パフォーマンスの向上が不可欠であるだけに、モノづくりへの強いこだわりが求められる。このような場合、顧客主導というよりも製品主導型マーケティング発想が適している。製品主導が強すぎると近視眼に陥りやすく、マーケティングの議論においては、必ずしも望ましい結果には至らないと指摘されている。また、顧客ニーズを出発点とする顧客主導的な今日的マーケティングとは対極に位置するマーケティング発想ともいえる。だが、既存の製品カテゴリーのなかで顧客ニーズの存在を前提としたうえで、製品にさらなる磨きをかけて品質向上を目指そうとする発想は決して悪いわけではない。むしろ、自動車産業にしても家庭電気産業にしても、日本企業の多くは製品主導型マーケティング発想で競争相手を圧倒してきたともいえる。

経験価値を生み出すうえで優れているのがポストモダン・マーケティング発想であり、このマーケティング発想では感情的な視点からの顧客理解が試みられる。論理性や客観性に縛られることなく、主観に基づいた発想を重視する点に特徴がある。そのため調査手法でも、サーベイ調査やグループ・インタビューなどの伝統的な手法ではなく、フォトエッセイやエスノグラフィーなど新たな手法が試みられる。

表 2-2　顧客価値とマーケティング発想

顧客価値	マーケティング発想	競争の土俵	競争に対する考え方
品　質	製品主導型	従来と同じ	既存の技を磨き競争に挑む
カテゴリー	ＳＴＰ型	従来より狭い	自社に有利な技をみつけ競争を避ける
独　自	ラテラル	従来とは別	新しいゲームに乗り出し競争を迎え撃つ
経　験	ポストモダン	従来と同じ	新しい技をみつけ競争に挑む

もちろんポストモダン・マーケティング発想から、独自価値やカテゴリー価値が生まれることもあるだろう。だが、顧客の五感に訴えるなど感情へのインパクトを考えると、経験価値との結びつきが強いものと思われる。実際、ポストモダン・マーケティングで取り上げられている事例では、ペリエのホリデイ・ボトル、シンガポール航空の接客、ゴディバの店舗などのように、製品の中核的なベネフィットではなく周辺的なベネフィットに結びついた部分での対応に光が当てられている。

これらの四つの顧客価値に対応したマーケティング発想は、表２－２のようにまとめることができる。表では、すでに述べてきたような競争が展開される土俵や競争に対する考え方についても整理されている。

5　むすび——新たなマーケティング論理の可能性

かつてLevitt（1980）は，「差別化できない製品などない」と述べ，セメントや塩でも差別化できることを主張した。これまでの製品差別化では，製品自体に関わる物理的差別化，配達など製品付随のサービスからなるサービス差別化，提供スタッフなどによって実現するリレーションシップ差別化などが検討されてきている（Kotler, 2003）。しかし，経験価値という新たな差別化軸が加わることにより，製品差別化の可能性は大きく前進した。同じように，経験価値も含めた価値提供という視点を加味して市場参入戦略を捉えることで，後発組には新たな可能性を有するようになる。

かつて，実質的には意味のない差別化要因であっても，市場では意味を有していると指摘されたことがある（Carpenter et al., 1994）。たとえば，アルバート・カブラーのシャンプー「ナチュラル・シルク」にはシルクの成分が含まれていた。シルクの成分は髪に何の効果ももたらさないとアルバート社も認めていたが，消費者の注目を集め，製品の違いを際立たせることに成功した。シルクの成分は，今日的な視点で捉えたならば経験価値の付与ということになるだろう。

従来は「意味のない要因」として片づけられていた視点も、経験価値の枠組みを用いることにより、論理的に説明できるようになる。近年の研究成果を加味しながらマーケティングの論理を検討してみることで、コモディティ化した成熟市場における新たな可能性や展望がみえてくる。

◆参考文献

Alpert, Frank H. and Michael A. Kamins (1995) "An Empirrical Investigation of Consumer Memory, Attitude, and Perceptions toward Pioneer and Follwer Brands," *Journal of Marketing*, Vol. 59, No. 4, pp. 34-45.

Barsalou, Lawrence W. (1985) "Ideals, Central Tendency, and Frequency of Instantiation as Determinants of Graded Structure in Categories," *Journal of Experimental Psychology*, Vol. 11, No. 4, pp. 629-654.

Carpenter, Gregory S., Rashi Glazer, and Kent Nakamoto (1994) "Meaningful Brands from Meaningless Differentiation: The Dependence on Irrelevant Attributes," *Journal of Marketing Research*, Vol. 31, No. 3, pp. 339-350.

Coupey, Eloise and Kent Nakamoto (1988) "Learning Context and the Development of Product Category Perceptions," *Advances in Consumer Research*, Vol. 15, pp. 77-82.

井上淳子・恩蔵直人（二〇〇四）「ニッチ戦略による高価格帯への参入――ペットフード市場におけるプレミアム・カテゴリーの創造」『マーケティング・ジャーナル』第九三号、八五-九七頁。

Kerin, Roger A., P. Rajan Varadarajan, and Robert A. Peterson (1992) "First-Mover Advantage: A

Synthesis, Conceptual Framework and Research Proposition," *Journal of Marketing*, Vol. 56, No. 4, pp. 332-352.

Kotler, Philip (2000) *Marketing Management*, Millennium Edition, Prentice-Hall（恩蔵直人監修、月谷真紀訳『コトラーのマーケティング・マネジメント（ミレニアム版）』ピアソン・エデュケーション、二〇〇一年）.

Kotler, Philip (2003) *Marketing Insights from A to Z: 80 Concepts Every Manager Needs to Know*, John Wiley & Sons（恩蔵直人監訳、大川修二訳『コトラーのマーケティング・コンセプト』東洋経済新報社、二〇〇三年）.

Kotler, Philip and Fernando Trias de Bes (2003) *Lateral Marketing: New Techniques for Finding Breakthrough Ideas*, John Wiley & Sons（恩蔵直人監訳、大川修二訳『コトラーのマーケティング思考法』東洋経済新報社、二〇〇四年）.

Levitt, Theodore (1980) "Marketing Success through Differentiation of Anything," *Harvard Business Review*, Vol. 58, No. 1, pp. 83-91.

恩蔵直人（一九九五）『競争優位のブランド戦略――多次元化する成長力の源泉』日本経済新聞社。

恩蔵直人（二〇〇〇）「成熟企業の進化――リーバイ・ストラウス社による『ドッカーズ』ブランドの構築と日本への導入」『マーケティングジャーナル』第七六号、九二-一〇四頁。

恩蔵直人（二〇〇五）「市場参入戦略の枠組み」『ビジネスインパクト』第六号、一〇-一五頁。

恩蔵直人（二〇〇六）「コモディティ化市場における市場参入戦略の枠組み」『組織科学』第三九巻、第三号、一九-二六頁。

Peter, J. Paul and Jerry C. Olson (1987) *Consumer Behavior: Marketing Strategy Perspectives*, Irwin.

Robinson, William T. and Claes Fornell (1985) "Sources of Market Pioneer Advantages in Consumer Goods Industries," *Journal of Marketing Research*, Vol. 22, No. 3, pp. 305-317.

Schmitt, Bernd H.（1999）*Experiential Marketing: How to Get Customers to Sense, Feel, Think, Act, and Relate your Company and Beands*, Free Press（嶋村和恵・広瀬盛一訳『経験価値マーケティング――消費者が「何か」を感じるプラスαの魅力』ダイヤモンド社、二〇〇〇年）.

Schnaas, Steven P.（1994）*Managing Imitation Strategies: How Later Entrants Seize Markets From Pioneers*, Free Press（恩蔵直人・坂野友昭・嶋村和恵訳『創造的模倣戦略――先発ブランドを超えた後発者たち』有斐閣、一九九六年）.

Urban, Gelen L., Theresa Carter, Steven Gaskin, and Zofia Mucha（1986）"Market Share Rewards to Pioneer Brands: An Empirical Analysis and Strategic Implications," *Management Science*, Vol. 32, No. 6, pp. 645–659.

第3章 リーン消費の実現

1 はじめに

旅行代理店に行って何十分も待たされたあげく予約が取れなかった。ハイテク製品に関する質問の答えが要領を得ていなかった。自分が探している製品がどこで売られているのかわからなかった。店員が自分の仕事を優先し、こちらへの対応を後回しにしていた。読者も、上記のような経験をしたことがあるだろう。そのようなとき、不快を抱いたり、不満を覚えたり、ときには怒りを覚えたりしたものと思われる。購入製品に対する顧客の満足水準の高さに比べると、製品を入手するまでの購買プロセスに対する顧客の満足水準はそれほど高くないのである。

さまざまな製品カテゴリーにおいて各社が提供するブランド数は増加し、顧客の選択肢は飛躍的に増加した。インターネットなどの媒体が加わり、各ブランドをめぐる情報量も加速度的に増加している。その一方において、コモディティ化が進むことによって、どのブランドにおいても基本的な品質における大きな違いはなくなっている。一見すると、購買行動は充実したものとなり、顧客の満足度は高水準となっているように思われる。ところが、購買プロセスにおける顧客の時間やエネルギーはますます消耗され、購買プロセスの質はむしろ低下傾向にある。

博報堂買物研究所・研究開発局と早稲田大学マーケティング・コミュニケーション研究所が実施した二〇〇五年の調査結果によると、デジタルカメラや自動車などの「最終購入と購入時」における満足度（購買ステージごとに「この段階について、どの程度満足していますか」と尋ね、「まったく満足していない」から「とても満足している」まで、五段階尺度で評価してもらった。満足度とは、「まあ満足」と「とても満足」の合計）の割合は九割を超えている（須永・恩蔵、二〇〇六）。ところが、店頭にやってくるまでの情報収集段階における満足度はおおむね七割台にとどまっている（表3－1）。この調査では当該製品の最終的な購入者を対象としているため、何らかの理由により途中で脱落した人は含まれていない。脱落した人々の意見が加われば、情報収集段階における

表3-1　購買ステップ別の満足度

(%)

	思い立ち	店頭以外での情報収集	店頭での情報収集	最終検討と購入
デジカメ	76.0	85.2	84.8	93.0
口　紅	78.0	72.0	84.0	93.5
自動車	73.0	71.6	86.3	95.0
薄型テレビ	75.0	80.9	84.5	92.5

（出所）須永・恩蔵（2006）。

満足水準はもっと下がるはずである。

企業にとって顧客志向であるということは、顧客に優れた製品やサービスを提供する、つまりモノとしての高い顧客価値を提供することだけにはとどまらない。生み出された顧客価値を顧客に伝達したり説得したりするプロセスにおいても、顧客志向が貫かれていなければならない。つまり、購入時点という限られた局面だけに限定して、顧客志向や顧客価値を考えているだけでは不十分なのである。

とりわけコモディティ化が進む今日において、顧客が購入する製品やサービスに注意を注ぐだけで競争優位を獲得することは難しい。製品やサービスにおける同質化が進むことにより、競合ブランドを圧倒するだけの価値の違いを生み出し難くなっているからである。購入の思い立ちに始まり、下調べをして、各ブランドを比較検討して、購入店舗をみつけ、顧客は最終的に購入する。こうした購買プロセスのすべてのステップで顧客への配慮を怠ってはいけない。購買プロセスへの配慮が不十分であれば、モノとしての製品に対する顧客の満足度は高くても、購買という行為全体に対する満足度は低下してしまうはずである。

2　リーン消費の考え方

トヨタ自動車の生産プロセスを研究し、そこから導き出された生産方式に「リーン生産システム」がある（Womack et al., 1990）。生産プロセスから非効率な部分を限りなく排除する、まさに贅肉を切り落とした生産システムである。リーン生産システムでは、多品種製品を適量だけ作ることが前提とされているので、標準化された製品を大量に作ることによる効率化とは異なっている。リーン生産システムが実施されると、設備投資、スペース、在庫などが節約でき、製品開発期間も短縮化できるという。

●購買プロセスにおけるリーン化

これと同様に、コモディティ化時代における顧客志向の一環として購買プロセスに目配りしたならば、購買プロセスにおける非効率性が浮かび上がってくる。しかしながら、購買プロセスにおける非効率性については、過去のマーケティング研究においてほとんど議論されていない。提供される製品価値そのものに焦点が当てられており、そうした製品価値が提供される仕組みや方法についての十分な議論には至らなかったといえる。ウォーマックとジョーンズは顧客の購買プロセスから非効率な部分が排除された消費を「リーン消費」と呼び、購買プロセスの再評価の重要性について言及している(Womack and Jones, 2005)。

図3-1　リーン化による消費時間の節約

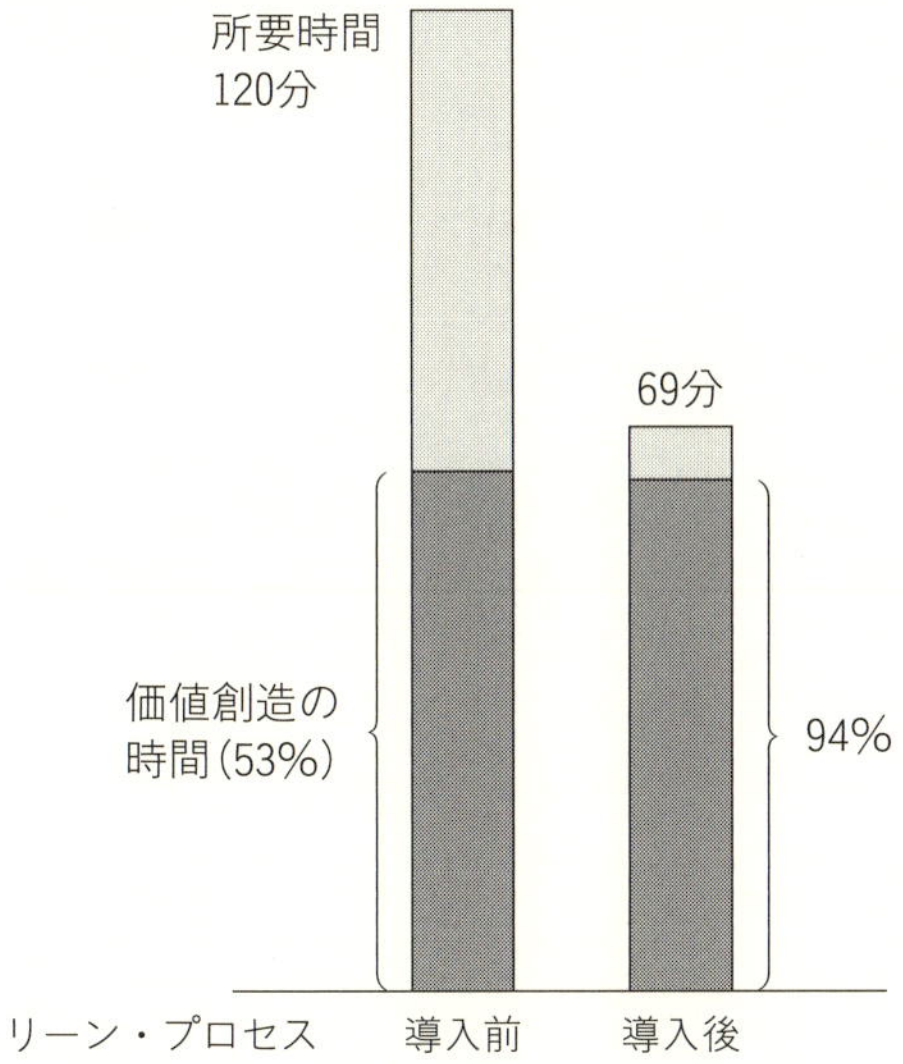

(出所)　Womack and Jones (2005), p. 65.

彼らは、ポルトガルの自動車ディーラーに注目し、顧客が自動車を修理してもらうプロセス、つまり整備工場を探し、修理してもらった自動車を自宅へ持ち帰るまでを八つのステップに分け、各ステップの所要時間を一覧表にまとめた。すると、一連のプロセスには平均で一二〇分を要するが、そのうち価値創造に費やされる時間は五三％にすぎないことが明らかになった。残りの四七％は、待ち時間など価値創造には結びつかない時間である。ウォーマックとジョーンズは各ステップを見直し、不要な部分を取り除いてみた。すると、総所要時間は六九分となり、価値創造に費やされる時間は九四％にまで跳ね上がったのである（図3-1）。

●リーン化が有効な局面

リーン消費を実現するためには、顧客の待ち時間を削減したり、無駄な動きを取り除いたり、カスタマー・サポートを見直したりする必要がある。だがすべての購買における購買プロセスの時間を短縮し、合理化すればよいというわけではない。非効率とも思える購買プロセスを楽しむ顧客もいるからである。

郊外のアウトレット・モールに行くと、一日中モール内を動き回り、ショッピングを楽しむ人々がいる。彼らにとって、ゆったりとした購買プロセスそのものが喜びであり、お気に入りのブランドを探し回ったり、店員とあれこれと交渉したりすることは、コストではなくむしろベネフィットとして捉えるべきである。さらに、一見すると無駄とも思える動きを顧客に強いたり、意図的に時間を経過させることで、提供内容を際立たせようとしている企業もある。

熱帯雨林をテーマに、店内には緑が生い茂り、時折霧が立ちこめたり、雷鳴がとどろき、動物の鳴き声が発せられたりするレストラン「レインフォレスト・カフェ」などは、リーン消費とは異なる方向性を目指すことによってコモディティ化に挑戦していると考えられる（Pine and Gilmore, 1999）。香り、音、照明、など顧客の五感に訴えることによって、提供製品に追加的な価値を生み出そうとする考え方は、第2章でも述べた経験価値マーケティングとして知られている（Schmitt, 1999）。

購入対象となっている製品によっても、リーン消費への期待は大きく異なるはずである。日常反応的問題解決がなされる成熟段階の製品、限定的問題解決がなされる成長段階の製品では、購買プロセスにベネフィットが見出されることは少なく、リーン消費への期待は大きそうである。逆に、包括的問題解決がなされる導入段階の製品では、購買プロセスの一部分に娯楽的要素や好奇心的要素が加わりやすいので、時間を費やすことに対する抵抗が低く、リーン消費への期待はそれほど高くはないかもしれない（Howard and Sheth, 1969）。とすればコモディティ化が進み、画期的な新製品が生まれにくく、ブランド間の違いが少なくなっている今日では、さまざまな製品分野においてリーン消費への期待が高まっているものと思われる。

3　リーン化の進め方

リーン化を進めるにあたって，製品やサービスの「提供内容」と「提供システム」という二つの軸を用いて整理を試みた。その結果，表層的リーン化，適応的リーン化，制度的リーン化，革新的リーン化という四つの方向性が浮かび上がってきた。

われわれがダイエットを進めるときの基本は適切な食事と運動である。これと同様に，顧客の無駄を省くには，まずわれわれの食事に相当する提供内容に目を向ける必要がある。それぞれの企業が提供内容を個々に捉えていると，受け手である顧客側からすれば過不足が生じてしまい，どうしても無駄へと結びつきやすい。そこで提供者である企業側が，提供内容を全体としてのソリューションとして捉えることにより無駄を省ける可能性がある。一方，われわれの運動に相当するのが提供システムである。同じカロリーを摂取していても，運動量によって体脂肪は左右される。提供内容が同じであっても，提供システムを革新させることにより，顧客の待ち時間や行動は大きく改善できるはずである。

●個別商品志向でのリーン化

まず表層的リーン化では、従来からの提供内容や提供システムを何ら変更することなく、購買プロセスの合理化が進められる。具体的には、販売員の教育による商品知識のアップや接客の向上、あるいは店頭でのレイアウトや陳列の工夫などであり、最寄品や買回品を提供する企業に適している。目立ちやすい陳列と雑然とした陳列とでは、店舗内における顧客の行動は大きく左右される。

一六万アイテムを超える商品を揃える九州のホームセンター「ハンズマン」は、表層的リーン化を実現している企業の一つであり、同社の福岡県大野城店はダイヤモンド・ホームセンターが主催する「第三回ストア・オブ・ザ・イヤー２００６」を受賞している。壁一面をうまく利用し、遠く離れた店舗の反対側からでも置かれている商品がわかる工夫がされており、顧客は目的の商品を目指して無駄なく辿り着けるようになっている。さらにハンズマンの社員は自らが担当する商品分野の第一人者となっており、豊富な経験に基づいた提案を行い、顧客の高い満足を実現している（大薗、二〇〇六）。ファーストフード店などで実施されている店員教育と接客マニュアルの導入も、表層的リーン化の一つと言えるだろう。

制度的リーン化とは、提供内容における本質的な違いを伴うことなく、提供システムの再構築によって実現される。従来の提供システムの問題点を洗い出し、顧客の無駄を省けるシステムを導入するという考え方であり、制度や仕組みを見直すことを出発点にしているため制度的リーン化と呼べるだろう。いくつかのサービス業で導入されている予約システムを思い浮かべてもらえばわかりやすい。顧客はあらかじめ予約することにより、店頭で無駄な待ち時間を費やさずにすむ。

ＪＲ東日本が新幹線チケットの予約システムとして導入した「エクスプレスE予約」は、制度的リーン化の一つとして位置づけることができる。パソコンや携帯電話を用いてネットで予約が可能となり、顧客はＪＲみどりの窓口にまで出向くことなく必要なチケットを入手することができる。不動産仲介業の野村不動産アーバンネットも、携帯電話を利用した営業活動「ケータイノムコム」に乗り出し、制度的リーン化による競争優位を築いている。顧客の希望に合致した物件が出てくれば、携帯電話によって時間に制約されることなく情報を提供する。顧客はタイムリーに、しかもピンポイントで必要な情報を確保することができる。顧客のなかには、戸棚の段数、押入の奥行き、傘立ての高さなど、細かい情報を求めることがあるが、そうした問い合わせにも以前よりもはるかに迅速な対応が可能になっている。携帯電話などのモバイル・ツールは、制度的リーン化の重要な技術的基盤の一つとなっている（恩蔵、二〇〇六）。

●ソリューション志向でのリーン化

適応的リーン化とは、顧客自身が自らの要求を適切に語ることのできないような状況下で発揮される。顧客に合わせた対応が求められるので、単なる商品知識やマニュアルを超えた対応が求められるので適応的リーン化と呼べるだろう。一つひとつの時間的な無駄や行動上の無駄を省くというよりも、消費目的そのものに最適なソリューションの提供をもたらすことによってリーン化が進められる。

自動車シートの製造会社であるジョンソン・コントロールズ・インク（JCI）は、顧客である自動車業界における構造的非効率性を改善することにより、自動車サブ・システム全体の開発に乗り出し、生き残るのが精一杯という停滞した業界で二桁成長を維持している（Slywotzky and Wise, 2003）。

自動車シートなどの部品業界は労働集約型の製造分野であり、納品先である巨大自動車会社からの無理難題を押しつけられてきた。ビック・スリーなどはシートの設計や組立を社内で行い、多くのサプライヤーから部品を取り寄せていた。クライスラーでは、二六を超えるシート用部品サプライヤーからの納品を受けており、景気のよいときでもこのシステムは無駄が多かった。フーバー・ユニバーサルを一九八五年に買収して自動車シート事業に乗り出したJCIも薄利に悩まされていた。

こうしたなか一九八〇年代初頭、アメリカに工場進出してきた日本メーカーを顧客に持つことで、JCIはジャスト・イン・タイムの納入技術とシートの組立技術を学んだ。その後、アメリカの自動車メーカーも、単なる部品の供給ではなく、JCIにシートの組立を期待するようになっていった。日本メーカーと同様にアメリカの自動車メーカーも、サプライヤーに組立の資本コストを負担してもらうことが固定費削減につながり、生産効率の向上をもたらすと考えたからである。JCIの挑戦は、その後も続いた。同社では、ポリウレタン・フォームと金属骨組みを製造していたが、これはシート全体でみると四分の一の価値しかなかった。自動車シートを組み立てるためには、シートカバーや電子制御装置などを他のサプライヤーから調達しなければならなかった。そこで、自動車シート全体の生産を目指して、いくつかの企業を買収し、ジョイントベンチャーを立ち上げた。その結果、八〇年代末までに、自動車シートの主要部品を設計でき、生産できる技術を獲得するに至った。

そして、JCIはいよいよシートの設計に乗り出した。ドアやダッシュボード・モジュールなどと異なり、「シートはまったく別個のサブ・システムだ」とJCIの経営幹部が述べるように、自動車システムのなかで、メーカーがサプライヤーに設計を委託できる部分があるとすれば、シートをおいてほかにはない。一方、一九八〇年代末のアメリカ自動車メーカーは過去のやり方に

図3-2　リーン化へ向けての4つの進め方

		提供内容	
		個別商品志向	ソリューション志向
提供システム	変更なし	表層的リーン化	適応的リーン化
	変更あり	制度的リーン化	革新的リーン化

固執できない段階にまで追いつめられており、クライスラーのようにサプライヤーとの新しい関係づくりを模索する企業も現れていた。JCI側はこの機に乗じた。購買部門を窓口にしていた段階から、ジャスト・イン・タイム体制に乗り出してからは製造エンジニアや工場マネジャーへ売り込む段階を経て、新たに設計エンジニアや車体プラットフォームのエグゼクティブなど組織上層部への接触を試みた。その結果、自動車シートのビジネスは細分化された多くのサプライヤーが一握りの巨大な自動車メーカーに部品を売るというモデルから、完成品としてのシート・システムを請け負うことで大きな価値を提供できるモデルへと姿を変えていった。

　最後は革新的リーン化である。ここでは、提供システムを再構築するとともに、顧客へのソリューション対応が図られる。制度的リーン化では提供システムの変更がなされるが、提供内容の焦点は個々の商品にとどまっている。また、適応的リーン化ではソリューション志向が目指されるが、商品提供システムにおける大きな変更はない。革新的リーン化では、提供システムの再構築とソリューション志向の両者を兼ね備えた高度なリーン化が目指される。

以上四つのリーン化は、提供システムの変更がありかなしか、提供内容が個別商品志向かソリューション志向かという二つの軸で整理できる（図3－2）。この枠組みは、自社のリーン化をどの方向に進めていくのかを検討するうえで役立つものと思われる。

4　ホギメディカルの革新的リーン化

コモディティ化が進むことにより、各社はさまざまな活路を見出そうとしている。そうしたなか、先に述べてきたリーン化の推進は、新たな価値創造をもたらすとともに、大きな競争優位を実現してくれる。そこで、リーン化のなかでも最も高度であるが、大きな優位性へと結びつきやすい革新的リーン化を実現しているホギメディカルを取り上げる。同社は、必要な手術用部材を手術ごとにパッケージ化し、病院にまで届ける「オペラマスター」と呼ばれるサービスの提供によって、革新的リーン化を押し進めている（安藤・恩蔵、二〇〇六）。オペラマスターとは、同社が製造する手術用部材に加えて、ファイザーのメス、テルモの注射器、ジョンソン＆ジョンソンの縫合糸といった他社製品をも一括管理し、必要となる部材を手術ごとにパッケージ化し、滅菌したうえで、発注から最短四日で病院に届けるというソリューション志向のサービスである。

近年、医療費抑制を目的とする医療制度の改革が進められており、病院経営は厳しい状況に置かれている。安全確保はいうまでもないが、病院経営においても効率化が求められることは明らかで、同社はオペラマスターというソリューションの提供をとおして、病院経営の合理化への寄与に成功している。

●医療現場に対する観察

手術に必要な部材は、通常、看護師によって病院内の在庫からピックアップされ揃えられる。しかし、医師の好みや手術内容によって必要となる部材は異なるため、ベテランの看護師が数人で作業をしても、準備には数時間を必要とする。また、慎重に準備が行われていたとしても、実際には部材の取り違えが発生してしまい、もし不備が発覚すれば部材が揃うまで医師は待たなくてはならない。ミスによる待ち時間は一件単位では小さくとも、積み重なると大きなロスになる。

一方、ホギメディカルのオペラマスターを導入すれば、手術の約一五分前に梱包を開くだけで準備が整うのである。

同社の営業担当者たちは、顧客ニーズを探るため日頃から足繁く病院に通い、頻繁に手術に立ち会っていた。手術の準備から後片づけまでの手順を観察していてわかったことは、手術部材の準備や後片づけに多くの時間が割かれているという事実であった。院内に備蓄された数千点以上の在庫のなかから、各々の手術で必要となる部材を数十点から数百点選び出して、手術室に並べる。通常の外科手術では数時間前から準備する必要があり、比較的簡単な眼科の白内障手術でも一時間以上前から取りかからなければならない。当然その間、手術室は使えない。このような効率の悪さから、手術待ちの患者を抱えているにもかかわらず、手術室の稼働率が七割に満たない病院さえある。そのうえ、部材の取り違えが発生すると、手術を中断させるしかない。ホギメディカルの調査では、三回の取り違えがあると四五分の時間損失が発生し、金額にすれば四万〜六万円の損失が生じているという。

手術用部材の在庫管理においても、病院側は多くの無駄を抱えていた。医師の好みに応じて自由に選べるよう、幅広いバリエーションの手術用ガウン、針、縫合糸などを用意すると、在庫は膨大な数になる。棚卸しによって大量の期限切れ在庫が明らかになることも多く、大規模病院ともなれば、廃棄する部材は年間で約一億円にも達していた。

●オペラマスターの考え方

オペラマスターはこのような現実を受けて開発された。オペラマスターを導入すれば、それぞれの手術で必要となる部材が要望に応じて届けられるので、病院内にストックされる手術用部材は大幅に削減され、在庫ロスの発生は著しく減少する。看護師の準備や後片づけの業務負担も軽減され、その結果、手術回数を増やすことが可能になる。さらに、一手術当たりの部材コストを正確に把握できるようになるため、原価計算に基づく手術室の運営管理が可能となり、受発注作業は端末を通して行われるので、そのまま電子処理され管理業務の効率化も可能となる。

一九九〇年代終わり頃から、同社には「原価計算に基づく経営をしたいのでアドバイスをしてほしい」といった病院からの要望が寄せられるようになっていた。オペラマスターが導入されれば業務は効率化され、原価の正確な把握によって原価計算に基づく経営も行えるようになる。同社はオペラマスターを、単なる手術用キット商品ではなく、商品と物流システムと情報システムを結びつけた総合サービスであり、顧客の業務効率化、在庫削減、原価管理の実施などを可能にするソリューション・サービスとして位置づけている。

リーン消費を提唱するウォーマックとジョーンズは、消費行動を消費者が購買を決断する瞬間として捉えるのではなく、消費者が当該製品やサービスを購買し消費をとおして自らの課題を解決していく継続的なプロセスとして捉えている（Womack and Jones, 2005）。同じように、ホギメディカルがオペラマスターをとおして医療施設に提供しているのは、パッケージ化された医療部材だけにとどまるものではない。看護師の間接業務の削減であり、医療施設における業務の効率化であり、経営の改善など総合的な提案なのである。オペラマスターの有効性は、それを導入した医療施設における業務効率や経営効率の改善によって証明されている。

●オペラマスターの有効性

オペラマスターを導入しているある病院のデータによれば、導入後の二〇〇五年六月、手術室で消費された診療材料費は約六四五万円となり、導入前の前年同月と比べて四・一％の減少となっている。診療材料費の削減が経営効率化にプラス効果をもたらすことは間違いなく、正確なコストの把握が可能となれば診療科や一手術当たりの手術原価を明らかにすることもできる。手術室は病院にとっての利益センターなので、手術室運営を効率化することは、病院経営の効率化に大きく貢献する。このようにオペラマスターの導入は、顧客の業務効率の改善と、潜在的な課題である経営効率の改善に貢献していると言えるだろう。

図3-3　看護師の間接業務における効率化

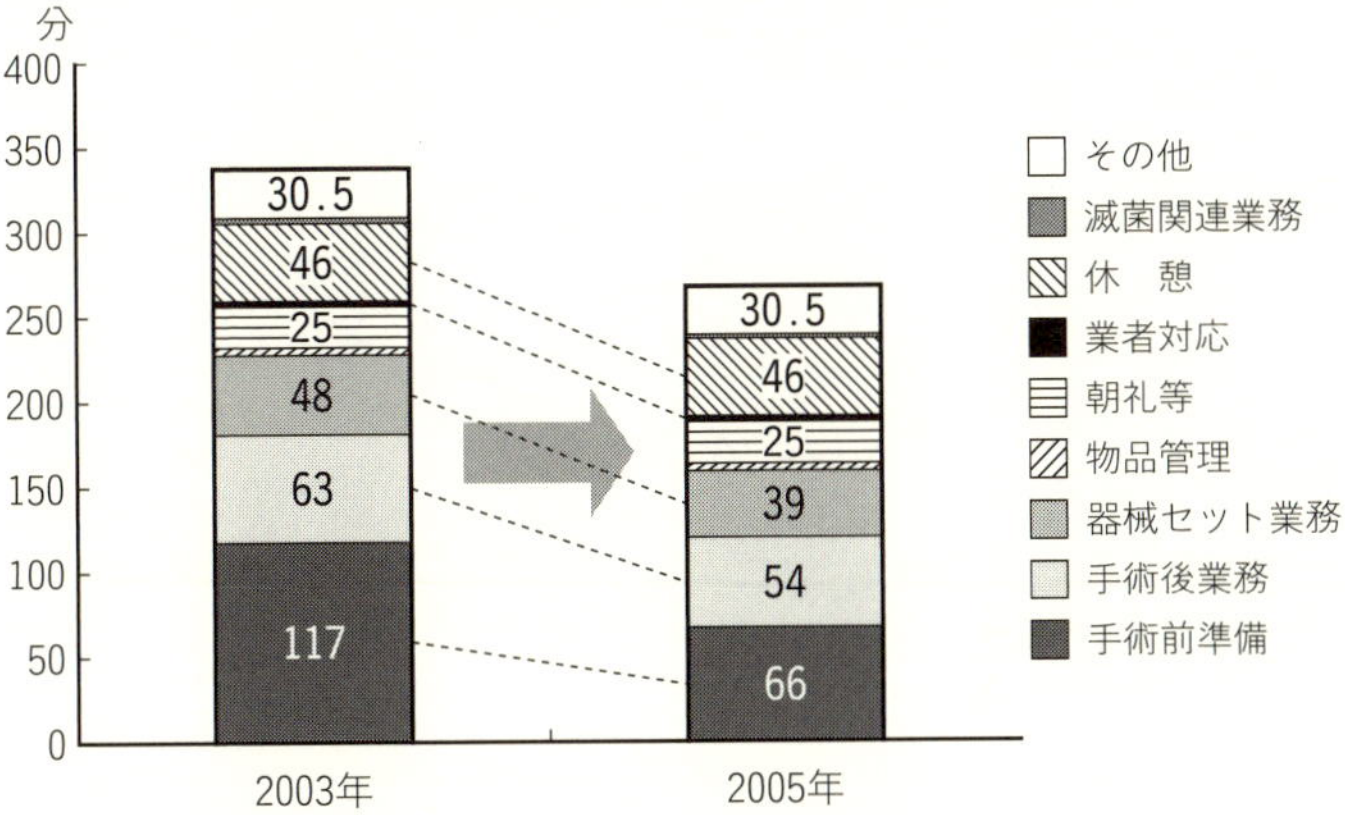

（出所）安藤・恩蔵（2006），136頁。

オペラマスターは、手術に関わる医師や看護師の時間的ロスも引き下げている。とくに看護師の間接業務を大幅に削減できたことを示すデータがある。導入以前は一手術当たり約三四〇分の看護師の時間を必要としていたのに対し、導入後は約二七〇分に短縮されている（図3-3）。とりわけ手術前の準備だけで約五〇分もの短縮が実現しており、間接業務全体では約七〇分の短縮となっている。間接業務の時間が短縮されれば、看護師は直接的な看護業務に集中できるようになり、医療全体の質的向上にも結びつく。

直接看護業務時間と間接業務時間の比率を、オペラマスター導入前後で比較すると、導入前では直接対間接が五二対四八であったのに対し、導入後では六一対三九に変化している。さらに、ある病院における看護師の一日当たりの業務時間は、一〇時間から九・六時間に減少しており、業務全体の効率化が進んでいることもわかる。

5　むすび

本章ではリーン化という切り口で、コモディティ化への対応を検討した。そして、商品の提供内容と提供システムという二つの軸を取り上げることにより、リーン化の四つの進め方について論じてきた。提供商品におけるコモディティ化が進みつつある今日、リーン化の戦略的重要性はますます高まっているものと思われる。その際、ホギメディカルの事例で取り上げたように、従来から試みられてきた顧客との接し方を見直し、もう一歩踏み込んだ接し方が求められるかもしれない。

オペラマスターの営業では、商品説明だけでなく、顧客である病院の経営指標の分析や経営改善に向けた指導を試みるなど、営業スタッフに求められるスキルはますます高度なものとなっている。また、前線を支援する後方部隊も強化されており、本社内に営業推進部を設置し、各病院の経営データや手術室運営データを分析したり、システムの新たな開発や改善を行ったりしている。営業スタッフが病院にオペラマスターの導入を説得する際、最も効果を発揮するのは、経営改善に結びついている具体的なデータである。営業スタッフが使いやすいかたちで、説得力のある経営指標の分析データや手術室運営の改善データなどを用意しておかなければならない。だからこそ、ホギメディカルでは手術室の調査を行い、分析データを更新し、経営改善につながる要因を徹底的に分析しているのである。

顧客への単なるサービス向上といったレベルだけでリーン化を論じてはいけない。最も高度な革新的リーン化の実現ともなれば、マーケティング全体に結びついたきわめて挑戦的な課題なのである。

◈参考文献

安藤和代・恩藏直人（二〇〇六）「リーン消費の実現による顧客価値の創造」『マーケティング・ジャーナル』第一〇一号、一二七-一四〇頁。
Howard, John A. and Jagdish N. Sheth (1969) *The Theory of Buyer Behavior*, John Wiley & Sons.
恩藏直人（二〇〇六）「モバイルによるマーケティング革新」『マーケティング・ジャーナル』第一〇〇号、七三-八〇頁。
大薗誠司（二〇〇六）「脱・同質飽和化に挑む経営者たち」『ダイヤモンド・ホームセンター』第一八七号、四〇-四二頁。

Pine II, B. Joseph and James H. Gilmore (1999) *The Experience Economy: Work is Ttheatre & Every Business a Stage*, Harvard Business School Press（電通「経験経済」研究会訳『経験経済』流通科学大学出版，二〇〇〇年）.

Schmitt, Bernd H. (1999) *Experiental Marketing: How to Get Customers to Sense, Feel, Tthink, Act and Relate to your Company amd Brands*, Free Press（嶋村和恵・広瀬盛一訳『経験価値マーケティング――消費者が「何か」を感じるプラスαの魅力』ダイヤモンド社，二〇〇〇年）.

Slywotzky, Adrias and Richard Wise with Karl Weber (2003) *How to Grow When Markets Don't: Discovering the New Drivers of Growth*, Warner Books, Chapter 8（中川治子訳，佐藤徳之監訳『伸びない市場で稼ぐ――成熟市場の2ケタ成長戦略』日本経済新聞社，二〇〇四年，第八章）.

須永努・恩蔵直人（二〇〇六）「消費者のスイートスポットと考慮集合サイズ――購買ステージによるダイナミズム」『日本商業学会第五六回全国大会報告要旨集』五六-五八頁（報告時配付資料含む）。

Womack, James P. and Daniel T. Jones (2005) "Lean Consumption," *Harvard Business Review*, March, pp. 58-68（飯村昭子訳「リーン消費：顧客の機会コストを削減する」『DIAMOND ハーバード・ビジネス・レビュー』二〇〇五年八月号，三六-四九頁）.

Womack, James P., Daniel T. Jones, and Daniel Roots (1990) *The Machine that Changed the World: Based on the Massachusetts Institute of Technology 5-million dollar 5-year study on the Future of the Automobile*, Rawson Associates（沢田博訳『リーン生産方式が，世界の自動車産業をこう変える――最強の日本車メーカーを欧米が追い越す日』経済界，一九九〇年）.

第II部

製品ブランド対応

第4章 製品開発の新しい発想法

1 はじめに

経営者やマネジャーにとって、自社製品や自社ブランドの特徴を語ることはそれほど難しくはない。少なくとも三つや四つの特徴は、すぐに思い浮かべることができるはずである。他社に追随するという模倣戦略を推し進めている企業であっても、わが社は「ここが違う」と胸を張って主張するかもしれない。企業側からすればすでに差別化されていることなど当たり前であり、いまさら意識するまでもないと考えていても不思議ではない。だが、もしそうだとしたら大きな間違いである。今日の顧客たちは、店頭に並ぶさまざまな製品やブランドをほとんど同じように捉えているからである。

製品やブランドにはそれぞれの歴史や思い入れがあり、社内にはそうした情報が溢れている。常に注意を向けている対象であるので、他社との違いは容易に認識できる。ところが、顧客にとっては、企業側が考える特徴を特徴と捉えなかったり、捉えていたとしても意味のある特徴として捉えていないのである。顧客にとって明確であり十分に知覚できたとしても、重要性という観点において劣っていては有効な差別化要因とはなりにくい。

たとえば、風邪薬において持続性という機能は薬を飲む時間のない忙しい人々にとって重要性を備えているし、眠気を誘わないという機能も自動車を運転したり仕事をしたりしたい人々には欠かせない。ところが、見た目がカラフルであるという特徴は、赤色であろうと黄色であろうと風邪薬の色を重視する消費者はまずいない。風邪薬における色というのは顧客にとって明らかな違いがあるにもかかわらず、重要性に乏しいという点で有効な差別化要因とはなりにくいのである。アメリカの有名なマーケティング・コンサルタントであるジャック・トラウトは、*Differentiate or Die* というタイトルの書のなかで、優れた差別化を実現できるか否かは、ビジネスの命運を左右するほど重要であると述べている（Trout with Rivkin, 2000)。

本章では、まずコモディティ化の流れに対抗するために必要とされる四つの差別化戦略について検討し、イノベーションを生み出すための三つのポイントについて整理する。そのうえで、従来からの垂直的マーケティングに対応するもう一つのマーケティングとしての水平的マーケティングという新しいマーケティング発想法について論じる。

2　差別化を実現する四つの戦略

●機能とデザインによる差別化

真っ先に思い浮かぶ戦略案は、機能による差別化戦略である。製品そのもののパフォーマンスにおける違いであるだけに、ここでの差別化が成功すると大きな優位性へと結びつきやすい。店舗で考えたならば、品揃えにおける工夫になるだろう。

一九八〇年代には普及率がほぼ一〇〇％に達し、市場としてはほぼ成熟化している洗濯機において、各社は機能面での差別化を繰り返してきている（川上、二〇〇五）。九八年には松下電器産業が攪拌式、ドラム式、渦巻き式に続く世界第四の標準となる「遠心力洗濯機」を発売している。

従来のわが国における洗濯機の多くは、洗濯槽の下部にパルセータ（回転翼）が付いていて、そのパルセータが回転することによって発生する水流で汚れを落とす仕組みになっていた。しかし、遠心力方式では、洗濯槽そのものを回転させることで遠心力を発生させ、その力で水を洗濯槽の内側から外側へ通過させ汚れを落とす。さらに二〇〇三年一一月には、ドラム部分が斜めに取り付けられていて、縦型の洗濯機よりも少ない水で洗濯でき、洗濯物も取り出しやすい「ななめドラム式洗濯乾燥機」を導入している。

日立製作所も二〇〇四年、「ビートウォッシュ」と呼ばれる新しいタイプの洗濯機を開発している。これまでの小刻みなウィング（洗濯底）ではなく、大きく波打ったウィング（ビートウィング）の採用により、洗濯物を回転させながら上下の洗濯物を交互に入れ替え、汚れを落とすことができる。攪拌式ともドラム式とも異なり、縦置きで羽根によるたたき洗いを可能としている点に特徴がある。衣類を上下に振動させる洗い方によって、押し洗い・たたき洗い・もみ洗いの三つの効果で、高い洗浄力を維持したうえで布傷みや布絡みを抑えることができる。

スポーツシューズ業界において、ナイキは他社に先駆けてエア・インソールを採用したシューズを発表し、ライバルとの明確な違いを訴えることに成功している。ほかにも、イノベーションの力によって機能面での革新を実現し、競争優位を獲得している企業やブランドは少なくなく、顧客価値の創造というマーケティングの出発点を語るうえで、機能は避けて通ることができない。

しかしながら本書で一貫して主張しているように、今日の多くの市場はコモディティ化が進んでおり、機能による差別化戦略は困難になっている。仮に機能による差別化を実現できたとしても、各社における技術水準の平準化により、短期間で同質化されてしまうことが多い。そこで、機能による差別化の重要性を認識したうえで、以下に述べるような三つの差別化戦略によるコモディティ化への挑戦が重要になっている。

第二の戦略案は、デザインによる差別化戦略である。製品の外観、つまり見た目に違いを生み出そうとする戦略である。サイズや色や形状を変えることにより、他社との違いを訴えることができる。コカ・コーラには特有のくびれたパッケージがあり、ポルシェやジャガーのような自動車にはそれぞれのスタイルが確立されている。店舗であれば外観や内装に工夫を施すことになるだろう。高級チョコレートで知られるゴディバ、飛躍的な成長を遂げてきたコーヒーチェーンのスターバックスなどは、すぐにそれとわかる店構えとなっている。ホームセンターなどの日常的な店舗においても、島忠ホームズ葛西店や島忠ホームズ蘇我店のように、かわいらしい三角屋根をデザインとして取り入れるなどの工夫が試みられている。

特徴的なデザインは、それだけで資産的な価値を有するようになり、競争上の優位性へと結びつきやすい。一九九五年、コカ・コーラがペットボトルにくびれたパッケージを導入しただけで、売上が伸びたという事実もある。コモディティ化の進展によって本質的な違いが乏しくなった製品や店舗においては、ますますデザインによる差別化戦略の重要性が高まるはずである。Bloch（1995）は優れたデザインは顧客をひきつけ、製品使用経験のクオリティを高めることで、当該製品に付加価値を与えてくれると主張し、製品デザインが消費者の心理的反応と行動的反応に及ぼす影響について論じている。また、エスセティクス・マーケティングでは、外観的なデザインや雰囲気による感覚的経験によって差別化を生み出し、ひいては競争優位を構築できることが提唱されている（Schmitt and Simonson, 1998）。

●ネームとリレーションシップによる差別化

第三の戦略案は、ネームによる差別化戦略である。ブランド名や店舗名が特徴的であるならば、それだけで消費者から覚えてもらいやすく、差別化要因として働く。日経産業消費研究所が二〇〇二年一二月に実施した「第二回日本企業のブランドマネジメント動向調査」（わが国の製造業五〇〇社を対象、一一〇社から回答）によると、直近の二年間で最もヒットしたブランドの理由として二つまでブランド要素を尋ねたところ、「ネーム」を挙げる企業は七八・二％にも達しており、「スローガン」（二六・四％）や「パッケージ」（二〇・〇％）を大きく引き離している。この数値は、コモディティ化した市場におけるネームの重要性を物語っていると言えるだろう。

インテル、ＩＢＭ、ソニー、マールボロ、リーバイスなどは優れたネームとして知られている。店舗名でも、三越、ジャスコ、カインズ、東急ハンズなどは覚えやすく特徴を持ったネームと言えるだろう。言語学的に言うと、短くてシンプルなネームであるほど覚えやすい。こうした背景には、人々の短期的な記憶力がそれほど高くはないという事実が知られている。一般に、人々が瞬時に記憶できる容量は、七桁プラスマイナス二程度であると言われている。つまり、八桁の電話番号程度であれば、一度聞いただけで短期間であれば記憶できることになる（Miller, 1956）。

だが、短い単語の多くはすでに他社に用いられているなどしていて、商標登録することができない。そこでやや長いネームにせざるをえなくなるが、その場合には、韻を踏ませたり、豊かな意味を持たせたり、愛称で呼ばせるなどして消費者の心理的抵抗を引き下げる必要がある（恩蔵・久保田，二〇〇二）。電気製品のブラック・アンド・デッカーや女性用アパレルのマックス・マーラは韻を踏んだネームであり、アクアフレッシュやレッドロブスターは豊かな意味を有するネームであり、マッキントッシュはマックという愛称を有している。

最後は、リレーションシップによる差別化戦略である（Mckenna, 1991; Hunt, 1997）。デザイン的に大きな違いがなくても、また機能的に大きな違いがなくても、顧客との関係性において特徴を打ち出すことができれば大きな差別化へと結びつく。迅速な配達をしたり、充実したアフターサービスを提供したり、丁寧で親身に相談に応じるなどの対応は、それだけで他社との差別化要因となるはずである。

だが、リレーションシップによる差別化を目指す企業は、もっと先を進んでいる。IBMやゼロックスのように、個別製品ではなくソリューションの提供を目指す企業を思い浮かべてほしい。顧客が抱えている課題の解決策のなかで自社製品を売り込むというビジネス・スタイルである。その際、顧客にとっての最善を徹底的に追求するため、一時的に自社の利益に反するようなことを行い、自社製品よりも優れた他社製品があれば率直に他社製品の購入を勧めたりもする。顧客に対してあらゆる情報を包み隠さず提供し、顧客を支援していこうとする姿勢は、アドボカシー・アプローチとして注目されるようになっている（Urban, 2005）。この種のビジネス・スタイルにおける企業と顧客との関係は、単なる取引相手というよりも親しい交際相手とでも言えるだろう。

顧客への直接販売というビジネス・モデルを遂行しているデルコンピュータでは、顧客とのリレーションシップが差別化のための鍵となっている。小売業者を自社と顧客との間に介在させることなく、同社では顧客に直接製品を販売し、技術的なサポートも直接実施している。デルでは顧客を大きく二つに分け、価格に敏感な一般消費者には低価格訴求を実施し、支援を必要とする法人顧客には個別ニーズに対してきめ細かいサービスを提供してきた。とりわけ、売上高の約九割を占める法人顧客には、大半の経営資源をつぎ込み、彼らとの強力な関係構築を進めている。

たとえば、カスタム・ソフトウェアをインストールしたり、顧客企業に代わって在庫管理を引き受けたりしている。また、インターネットをマーケティング・ツールとして駆使し、各顧客にカスタマイズしたプレミアム・ページを提供している。その結果、シェル石油やボーイングなどの大口顧客は、サイトをクリックするだけで、自社の嗜好やニーズに向けられた情報を確認することができる。このサイトは、顧客の世界中の子会社からもアクセスすることができる(Marchetti, 1997; Ramstad, 1997)。同社のホームページによると、経営環境や情報環境の変化に応じて、サーバやストレージなどのエンタープライズ製品のラインナップを強化したり、ハードウェア製品とコンサルティング・サービスを一括して提供したりするなど新たな価値の提供に乗り出しているという(デルコンピュータ日本、二〇〇七)。提供されるパソコン自体の性能に大きな違いはなくとも、顧客とのリレーションシップそのものが差別化要因として働き、デルコンピュータは競合他社から大手顧客を奪うことに成功しているのである。

●差別化の方向性

以上四つの差別化戦略は、ソフト的であるかハード的であるか、表層的であるか本質的であるか、という二軸で整理することができる(表4-1)。ネームとソリューションはソフト的な差

表 4-1　差別化戦略における 4 つの方向性

	表層的	本質的
ソフト的	ネーム，シンボル，キャラクターなど	リレーションシップ，流通チャネルなど
ハード的	デザイン，プレミアムなど	機能，スタッフなど

別化要因であり、デザインと機能はハード的な差別化要因である。そして、デザインとネームは表層的な差別化要因であり、機能とリレーションシップは本質的な差別化要因と言えるだろう。

この枠組みにより、さまざまな差別化要因を整理することができる。流通チャネルなどの差別化要因はソフト的で本質的であるので、リレーションシップによる差別化戦略と同じセルのなかに含めて検討できることがわかる。書籍業界のアマゾン・ドットコムや化粧品業界のポーラなどは、中間業者を排除して直接消費者へアプローチすることにより、競争相手とは異なる立場をとってきた。またアップル・コンピュータのシンボルであるリンゴ、コダックの黄色、ボンカレー・クラシックのキャラクターである松坂慶子なども、それぞれ各ブランドの差別化要因として働いている。これらのブランド要素はいずれも、ソフト的で表層的であるので、ネームと同じセルに入るだろう。

このように差別化要因は多数存在しているが、一般に、ハード的な差別化要因よりもソフト的な差別化要因のほうが優位性を持続させやすく、また表層的な要因のほうが本質的な要因よりも取り組みやすいと言えるだろう。コモディティ化時代にあって自社ブランドをどのように差別化すべきなのか、この枠組みを用いて検討することで目指すべき方向性が見えてくる。

3　イノベーションの可能性

ポストイットやビデオテープで知られる３Ｍは、イノベーションを常に重視し、売上高の三〇％以上を四年以内に市場導入した新製品で実現しようとしている。３Ｍのように製造業者でイノベーションを企業目標の上位に位置づける企業は少なくない。だがイノベーションとは、新製品や新サービスの開発だけに限った話ではなく、画期的なビジネス・プロセスやオペレーションを考案することもイノベーションなのである。

スターバックスはコーヒーショップにイノベーションを引き起こし、オートバイテル・ドットコムは自動車販売にイノベーションをもたらした。わが国においても、ジュンク堂は書店にイノベーションをもたらした。「品揃えだけがとりえの愚直な本屋です」をモットーに、回転率の高くない専門書にあえて力を注ぎ、ゆったりとした店内には椅子とテーブルを用意し、来店してきた顧客たちにじっくりと書籍に目を通してもらったうえで選んでもらう。「図書館よりも図書館らしい」店舗の雰囲気を支持する顧客に応じて、レイアウトや内装へも配慮している。伝統的な書店にはなかった姿勢が貫かれている。また、関西島忠のホームズ寝屋川店のように、コンシェルジュ・カウンターを設置して、取扱い部門を超えたホームソリューション・サービスの提供を試みているホームセンターもある。

アメリカの経営学者ドラッカーによると、「イノベーションはマーケティングとともにビジネスにおける二本の柱である」という（Drucker, 1973）。ところが、流通業界やサービス業界などいくつかの業界において、イノベーションに対する意識はそれほど高くなかったようである。一つには、企業規模的にみて製造業と比べると相対的に小さいという点があり、イノベーションに十分な資金を注ぎ込めなかったからかもしれないし、そもそもイノベーションとはモノを生産する製造業の専売特許といった意識があったからかもしれない。だが、製造業者にマーケティングがもっと求められるように、流通業者やサービス業者にはイノベーションがもっと求められてよいはずである。コモディティ化からの脱却を目指すうえで、製造業はマーケティング、非製造業はイノベーションといったように、むしろ得手ではなかった分野へ乗り出す必要がある。本節ではイノベーションの発生を促す三つのポイントについて述べてみよう。

●イノベーションを生み出す三つのポイント

第一に、容易に達成しえない水準を要求することである。いくつかの企業には、研究開発部のように、もっぱらイノベーションに取り組んでいる部署がない。日々の業務に追われているため、現場からイノベーションが自然発生することも期待できない。そこで、五％ではなく「三〇％のコスト削減を目指す」といったように、従来からのプロセスではどう考えても実現不可能な改善要求をしてみるという方法である。すると、組織メンバーの一人ひとりが既存プロセスを改善するのではなく、イノベーションに結びつくまったく新しいプロセスを考えるようになる。

高い利益成長を目標としているGEでは、総合力を発揮した利益追求が推し進められている。そこそこの利益成長が要求されている場合、各部門は独立して利益成長を目指し、他部門のことに興味を示さなくなる。しかし、GEの経営陣が示す目標値があまりにも高くなると、そのようなことを言ってはいられない（酒井・山川・山崎，二〇〇五）。過去の延長による工夫や改善とは違う、新しい解決策を模索しなければ達成できないからである。フィリップ・コトラーは、イノベーションを喚起する秘訣として「途方もない改善の要求」を挙げている（Kotler, 2003）。

第二に、アイデア市場を構築することである。アイデア市場の構築とは、イノベーションに結びつくような創造的なアイデアを恒常的に生み出す仕組みづくりである。その際、従業員や取引先などが組織化されることが多い。そして、経営陣や外部識者からなる評価委員会によって、提示されたアイデアを評価し表彰する。

アイデア市場をうまく利用している企業にイオンがある（イオン21推進事務局、二〇〇三）。同社では、二〇〇一年から「イオン21キャンペーン」を実施し、顧客や従業員からさまざまなアイデアを求めている。提案されるアイデアの多くは、「サービスカウンターにおける老眼鏡の用意」「車椅子でも入れる試着室の設置」「五点以下の買い物客専用スピードレジの実施」「高齢者や入院中などで外出できない顧客向け、持ち帰り試着サービスの実施」など日々の業務の質的向上や改善に結びついている。さらに、地域住民に副店長になってもらい、顧客視点での提案を任務とする「お客様副店長制」、松本市の二年味噌や穂高町のネッカリッチニジマスなど郷土の食文化を全国各地に広めていく「フードアルチザン（食の匠）」の導入がなされている。

ただし、クリエイティビティ（創造）とイノベーション（革新）とは区別しておかなければならない。創造とは新しいことを考え出すことであり、イノベーションとは新しいことを行うことである。創造では新奇性のウェイトが高いのに対して、イノベーションでは実行可能性のウェイトが高くなる。多くの企業に求められるのは、アイデア創造という意味での創造性ではなく、行動を引き起こす意味での革新性であるとも言われる。起業家的エネルギーの欠如のために、光り輝くアイデアが棚ざらしになることを避けなければならない。

第三に、伝統的ＭＢＡ型マーケティングの罠に陥らないことである。ＭＢＡ出身者はデータ分析の結果を重視し、論理的な思考のもとでビジネスを展開しようとする。伝統的ＭＢＡ型マーケティングを決して否定するわけではないが、多くの場合、データ分析によって過去のメカニズムを明らかにすることはできても、将来のメカニズムを解明することはできない。

イノベーション研究で知られるクリステンセンは、ソニーの競争力低下はＭＢＡ型マーケティングにあると指摘している（クリステンセン、二〇〇五）。一九八二年、ソニーがＭＢＡ出身者をマーケティング部門に招き入れて以来、データ重視の分析的な意思決定がソニーの主流になっていった。そして、ソニーのイノベーションは失われていき、世の中が驚くような画期的製品が生まれにくくなってしまったというのである。イノベーションを目指す企業では、感性や技術に磨きをかけてイノベーションを推し進める部門と、データ分析力に磨きをかけて手堅く利益を上げていく部門が必要であるとクリステンセンは指摘している。

伝統的ＭＢＡ型マーケティングの限界は、アメリカ映画「ビッグ」のなかでも紹介されている。トム・ハンクス演じる主人公は、ふとしたことで体だけ大人になってしまった子どもを演じている。ニューヨークの玩具会社で勤務するようになった彼は、ＭＢＡの資格を有するエリートたちが、さまざまな市場調査を実施し、複雑な多変量解析を駆使した分析結果に基づき、新製品を提案している光景を目にする。しかし、マインドは子どものままの彼にとって、そのほとんどが興味をそそる製品ではなかった。これに対して、彼が欲しいと思っている玩具を製品化すると、おもしろいようにヒットする。調査分析では明らかにできなかった子どもの真のニーズに一〇〇%フィットしているからである。この映画では、ハートウォーミングなファンタジーのなかに、顧客の目線がいかに重要であるかとともに、MBA出身者が好んで用いる従来型マーケティングの限界と顧客ニーズ把握の難しさが描かれている。大人の目線でいくら検討していても、子どもの目線にならなければ子どもたちからは支持されないのである。

4　水平的マーケティング

ヒット製品がなかなか生まれない。有望なアイデアも枯渇している。こうした理由によって、ビジネスに閉塞感を感じたことはないだろうか。そして、新しいアイデアを生み出すための仕組みの必要性を感じたことはないだろうか。マーケティングでは、画期的なアイデアをもたらすための発想法としてラテラル・シンキングが提唱されている。ラテラル・シンキングとは水平的な思考プロセスであり、水平的マーケティングを実施するうえで欠くことのできないアイデア創出法である。

多くの市場においてコモディティ化が進むことにより、製品やサービスの完成度はますます高いものとなっている。また、調査技法の高度化などもあり、顧客がすぐに思いつくような製品はほぼ出揃っていると言ってよい。高度経済成長期より以前の生活を知っている人であるならば、今日の生活がいかに快適で満たされているかを実感できるはずである。裏を返すならば、ヒット製品やヒット・サービスを生み出すことが、ますます困難になっているのである。

こうした状況は、食品や日用雑貨などの業界にとどまるものではない。ハイテク業界や生産財業界においても当てはまる。航空機エンジンや医療用画像診断装置などを扱うGEのような会社でさえ、「コモディティ・ヘル」といった言葉によって警戒を強めている。コモディティ化が進む市場において、知恵や策がなければ価格競争へと陥り、やがてはヘル（地獄）へと落ちていく。製造業だけでなくホームセンターなどの流通業においても、ペット商品の取扱いや地域密着商品の取扱いなどの革新が一巡すると、ビジネスは安定的となり新しい試みが乏しくなっている。つまり、すでにコモディティ化が叫ばれている業界に限ることなく、さまざまな業界において本節で詳説するラテラル・シンキングを導入し、新しい視点でビジネスを見直してみることの意義は大きいものと思われる。

●垂直的マーケティングの限界

従来型マーケティングでは、市場全体を狙うのではなく、何らかの切り口で市場を細かく分け、分けられた市場のいくつかをターゲットとして狙うべきであることが主張されてきた。市場を絞り込むことにより、当該セグメントの顧客ニーズを明確化でき、よりニーズに適合した製品やサービスが提供できる。実際、練り歯磨き粉市場をみてみると、虫歯予防を意識したセグメント、口臭予防を意識したセグメント、歯周病予防を意識したセグメントなどに細分化されており、それぞれのセグメントに向けたブランドが輝きを放っている。市場細分化とターゲティングを骨子とする従来型マーケティングは、市場全体からセグメントへ落とし込むという発想の特性から垂直的マーケティングとも呼ばれている（Kotler and Trias de Bes, 2003）。

垂直的マーケティングでは、分析が重視され、統計的な視点や論理的な視点が前提となっている。分析結果に裏づけられていることもあり、大きな間違いや的外れな意思決定を回避できるという点において優れている。MBAプログラムで学ぶマーケティングの大半は、この垂直的マーケティングであると言える。

ところが、垂直的なマーケティングでは、どうしても既存市場が出発点となってしまい、そこから個々のセグメントへと目を向けていくために、既存市場の枠から飛び出したようなアイデアが導かれることは少ない。分析に依拠しているために、顧客が気づいていないニーズや市場動向として浮かび上がっていない変化を把握することも難しい。さらに、市場細分化を繰り返すことにより、大型製品が生まれにくくなると指摘する声もある。実際、花王の「クイックルワイパー」や富士フイルムの「写ルンです」などの製品は、市場細分化とターゲティングといったような垂直的マーケティングの枠組みでは適切に説明できない。

製品開発スタイルに関しては、過度な市場調査への依存を見直し、既存事業の枠に縛られることのない探索型製品開発がすでに提唱されている（恩蔵、一九九五）。しかしながら、製品開発のまさに出発点である製品アイデアの発想部分についての議論はほとんど試みられていない。画期的なアイデアを導出するうえで、従来型の垂直的マーケティングだけではどうしても限界があると言えるだろう。

●水平的マーケティングの可能性

朝食時の食べ物として知られているシリアルには、さまざまなバリエーションがある。チョコレート味などの各種フレーバーを備えたもの、ビタミンやカルシウムなどが添加されたもの、さらにはカットされたフルーツが入ったものなどである。ところが、既存のシリアル市場の枠には収まらない「シリアルバー」と呼ばれる製品がある。この製品は、シリアルの本来的な価値である「ミルクと一緒に食べる栄養豊富な食べ物」という範囲からは明らかにはみ出ている。むしろ、自由に持ち歩くことのできるキャンディーバーの範疇に含めたほうがよさそうである。市場細分化とターゲティングという垂直的マーケティングの枠組みによって、この「シリアルバー」が生まれる道筋を説明することは難しいが、水平的マーケティングの枠組みを用いると容易に説明することができる（恩蔵，二〇〇六）。

水平的マーケティングとは、何らかのギャップを意図的に引き起こし、そのギャップを埋めるような変更を繰り返しながら解決の糸口を探り当てるというマーケティング手法であり、ラテラル・シンキングによって実現される。たとえば、「花→枯れる」という一般的な流れに、「花→枯れない」というギャップを引き起こし、両者のギャップを埋めるための解決策を模索する。この場合には、素材を変更することにより、造花といったアイデアで連結（ラテラル・シンキングにおける解決点）へと辿り着く。「シリアルバー」の事例で説明するならば、「シリアル→朝食で食べる」から「シリアル→自由に持ち歩く」というギャップを引き起こし、そこから「持ち運べるバータイプのシリアル」という連結で解決へと導かれる。

もちろん、ギャップは簡単に埋めることができない。また埋めることができたとしても、顧客にとって意味があり、大きな価値をもたらすとは限らない。論理的にストーリーを展開していく

表4-2　ギャップを生み出す5つの技法（納豆の場合）

代　用 （製品の要素を取り除き，別のものに置き換える）	大豆の納豆→トウモロコシの納豆
結　合 （製品の要素を保持しつつ，新たに別の要素を加える）	納豆→ご飯つきの納豆
逆　転 （製品の要素を否定する）	賞味期間の短い納豆→保存のきく納豆
強　調 （製品の要素を極度に拡大するか縮小する）	臭う納豆→臭わない納豆
並べ替え （製品の要素を並べ替える）	パッケージを開いてからかき混ぜる→パッケージを開く前にかき混ぜる

バーティカル・シンキングに対して、ラテラル・シンキングではギャップを引き起こし、次々にギャップを埋めるような拡散的なストーリーが展開される。水平的マーケティングと呼ばれるのはこのためである。なお、ギャップを生み出す技法として、代用、結合、逆転、強調、並べ替えの五つが提案できる（表4-2）。たとえば、ミツカンの「金のつぶにおわなっとう」は、においの少ない納豆菌を用いることで実現された製品であり、製品の要素を極度に縮小するという「強調」を用いることで説明できそうである。

水平的マーケティングでは、分析というよりも連想が重視され、創造的な視点や感性的な視点が前提となっている。そこで展開される議論は絞り込まれるというよりは拡散する傾向にあ

表 4-3　垂直的マーケティングと水平的マーケティング

	垂直的マーケティング	水平的マーケティング
依拠するプロセス	科学的な分析	感性的な連想
重視される視点	論理性	創造性
議論の特徴	絞り込み	拡　散
処理する脳	左　脳	右　脳
対象市場	既存市場の一部	新市場

り、特定市場に縛られることがなく、ユニークな切り口をもたらしたり画期的なアイデアをもたらすことができる（表4-3）。また、ラテラル・シンキングに基づいた水平的マーケティングが有効に機能すると、既存市場とは別の市場が生み出されやすい。「シリアルバー」においては、朝食用シリアルという既存市場における顧客ではなく、キャンディーバーやスナック菓子からスイッチした顧客や、ニーズが満たされていなかった顧客などで構成される新しい市場が生み出されたことになる。

5　むすび

差別化を実現する四つの戦略、ビジネスにイノベーションを生み出す三つのポイント、そして水平的マーケティングを理解したうえで、もう一度、さまざまな業界を眺めてみてほしい。経営者側も顧客側も、既存枠組みのなかだけで製品やサービスを捉えていないだろうか。ビジネス内に新しい視点や発想法を持ち込むことにより、コモディティ化が進み成熟しきっていると思いこんでいる業界でも、新たなビジネス・チャンスが開ける可能性がある。

コモディティ化している市場に対する姿勢は、大きく二つに分けて整理することができる。まず一つ目は、コモディティ化を所与のものとして受け止めて、コモディティ化市場のなかで活路を見出そうとする姿勢である。コストの引き下げやビジネス・プロセスの合理化などが、そこでの重要課題になるだろう。しかし、本章をはじめ本書の大半で論じられているのは、コモディティ化している市場において新たな顧客価値を創造し、再び差別化をもたらそうとする二つ目の姿勢である。

もちろん、一つ目の姿勢と比べれば、二つ目の姿勢はより挑戦的であるかもしれない。だが、価格競争の回避こそマーケティングの本質であると理解しているならば、優れたマーケターはコモディティ化市場の打破について検討すべきであろう。本章で論じた枠組みや発想法は、そうした意欲的なマーケターにとって有益なものになりうると確信している。

◆参考文献

Bloch, Peter H. (1995) "Seeking the Ideal Form: Product Design and Consumer Response," *Journal of Marketing*, Vol. 59, No. 3, pp. 16-29（橋田洋一郎・恩蔵直人抄訳「製品デザインと消費者反応」『流通研究』第四〇一号　二〇〇二年、四八-五五頁）.

デルコンピュータ日本（二〇〇七）「オンライン・プレスルーム」デルコンピュータ日本ホームページ。

Drucker, Peter F. (1973) *Management: Tasks, Responsibilities, Practices*, Harper & Row（上田惇生編訳『マネジメント――基本と原則（エッセンシャル版）』ダイヤモンド社、二〇〇一年）.

Hunt, Shelby D. (1997) "Competing Through Relationships: Grounding Relationship Marketing in Resource-Advantage Theory," *Journal of Marketing Management*, Vol. 13, No. 5, pp.431-445.

イオン21推進事務局（二〇〇三）『夢のある未来へ』イオン社内資料。

川上智子（二〇〇五）『顧客志向の新製品開発――マーケティングと技術のインタフェイス』有斐閣。

Kotler, Philip (2003) *Marketing Insights from A to Z: 80 Concepts Every Manager Needs to Know*, Jonn Wiley & Sons（恩蔵直人監訳、大川修二訳『コトラーのマーケティング・コンセプト』東洋経済新報社、二〇〇三年）.

Kotler, Philip and Fernando Trias de Bes (2003) *Lateral Marketing: New Techniques for Finding Breakthrough Ideas*, John Wiley & Sons（恩蔵直人監修、大川修二訳『コトラーのマーケティング思考法』東洋経済新報社、二〇〇四年）.

クリステンセン、クレイトン（二〇〇五）「革新者に潜む陥穽」『日経ビジネス特別編集版』七月四日号、三四-四一頁。

Marchetti, Michele (1997) "Dell Computer," *Sales and Marketing Management*, Oct., pp. 50-53.

McKenna, Regis (1991) *Relationship Marketing: Successful Strategies for the Age of the Costomer*, Addison-Wesley.

Miller, George A. (1956) "The Magical Number Seven, Plus or Minus Two: Some Limits on Our Capacity for Processing Information," *Psychological Review*, Vol. 63, No. 2, pp. 81-97.

恩蔵直人（一九九五）『競争優位のブランド戦略――多次元化する成長力の源泉』日本経済新聞社。

恩蔵直人（二〇〇六）「ラテラル・シンキング――新しいアイデアをもたらすための新製品発想法」『ビジ

ネスインパクト』第一〇号，二六-二九頁。

恩蔵直人・久保田進彦（二〇〇二）「ブランド・ネーム」恩蔵直人・亀井昭宏編『ブランド要素の戦略論理』早稲田大学出版部，一七-三七頁。

デルコンピュータ日本（二〇〇七）「オンライン・プレスルーム」デルコンピュータ日本ホームページ。

Schmitt, Bernd H. and Alexander Simonson (1998) *Marketing Aesthetics: The Strategic Management of Brands, Indentity, and Image*, Free Press（河野龍太訳『「エスセティクス」のマーケティング――"感覚的経験"によるブランド・アイデンティティの戦略的管理』トッパン，一九九八年）.

Ramstad, Evan (1997) "Dell Fights PC Wars by Emphasizing Customer Service," *Wall Street Journal*, August 15, p. B4.

酒井耕一・山川龍雄・山崎良兵（二〇〇五）「GE世界最強の秘密――2ケタ成長支える人と組織」『日経ビジネス』七月二五日号，三〇-四五頁。

Trout, Jack with Steve Rivkin (2000) *Differentiate or Die: Survival in our Era of Killer Competition*, John Wiley & Sons（島田陽介訳『ユニーク・ポジショニング――あなたは自社の「独自性」を見落としている！』ダイヤモンド社，二〇〇一年）.

Urban, Glen (2005) *Don't Just Relate — Advocate!: A Blueprint for Profit in the Era of Customer Power*, Wharton School Publishing（スカイライトコンサルティング監訳『アドボカシー・マーケティング――顧客主導の時代に信頼される企業』英治出版，二〇〇六年）.

第5章 製品開発における顧客志向と顧客代行

1 はじめに

これまで本書で述べてきたように、新しい世紀となり、製品におけるコモディティ化はますます顕著なものとなっている。米国で実施されたブラインド・テストによると、「バドワイザー」も「クアーズ」も「ミラーライト」も、知覚された味覚においてほとんど違いはない（Keller, 1998）。コモディティ化への動きは、無形のサービスにおいても確認することができる。たとえば、宅配サービスをみると、配達員のユニフォームや配送車のデザインが違うくらいで、地帯均一料金で翌日配送という本質部分は変わらない。ホームセキュリティー会社や旅行会社などによるサービスにおいても、今日ではその多くがコモディティ化している。

こうしたコモディティ化への動きは、製品開発のあり方を大きく変化させているようである。一つには、各社の技術水準の差が少なくなり、製品の品質価値以外への配慮が避けられなくなっている点である。すると、新しい価値の追求が進むことにより、製品開発において考慮すべき変数が増え、以前よりも複雑な意思決定が求められるようになる。また、大きなイノベーションを伴った製品開発の実現が困難となり、さらに、製品開発のサイクルが速まるなどの理由により、先発優位性を発揮できる期間が以前よりも短くなっていることも指摘されている（Makadok, 1998）。それだけに、マーケティングにおける製品開発担当者の悩みは、以前にも増して深刻なものとなっている。

インターネットの普及は、製品開発の問題をさらに複雑化させている。電子メールやホームページを利用することにより、単なる受け手でしかなかった人々が、大企業と同じレベルで発言できるようになっているからである。そこで消費財企業とともに生産財企業においても、競合企業や供給先だけではなく、流通業者の先に位置する顧客をもマーケティングにおける新たなプレイヤーとして認識する必要性が高まっている。

マーケティングにおける顧客のとらえ方が大きく変化しているということは、すでにいくつかの文献でも指摘されている。たとえば、ビジネスを演劇にたとえて、「顧客とは単なる受動的な観客ではなく、誰もが役者として演劇に参加できるようになっている」（Prahalad and Ramaswamy, 2000）という指摘がある。顧客とは新たな社会や文化を作り出す一員であり、製品の単なる受け手にはとどまらなくなっている。製品開発の視点で考えるならば、企業と対等な立場で発言する共同開発者とみなす必要性が高まってきていることになる。

このような考え方は、市場調査に依存していた伝統的製品開発とも異なるし、顧客ニーズが不透明であることを前提として企業からニーズを提案していく探索型製品開発とも異なっている（恩蔵、一九九五）。企業と顧客とが同じ舞台に立ち、協力して価値を創造していくという点に特徴がある。企業からすれば、顧客が保有しているスキルや知識をどれだけ活用できるか、そして顧客が価値創造に進んで参加できる仕組みをどのように構築するか、などが大きな課題となる。

そこで、企業と顧客との関わり方という点でマーケティングを再考してみることの意義は大きそうである。本章では、コモディティ化市場における製品開発を念頭に置き、企業と顧客との関わり方を顧客志向と顧客代行という二つの視点で整理してみた。

2　顧客志向の是非

製品開発を議論する場合、避けて通ることのできない問題に顧客志向の是非がある。「市場に目を向けよ」「顧客志向であるべきだ」という主張は、マーケティングの出発点として繰り返し述べられてきた。それだけに、従来のマーケティングでは、しっかりと市場調査を実施し、正しくニーズを把握し、それを製品開発へ反映させることが重要であると指摘されている。

ところがコモディティ化が進むにつれて、完成度の高い製品が市場に溢れ、顧客が日々の業務や日常生活で直面する問題の多くは解消されている。その結果、顧客が心に抱くことのできる革新的なアイデアは次第に乏しくなる。缶コーヒーにしても、洗濯機にしても、自動車にしても、もちろん業務用品や部品にしても、顧客のアイデアからイノベーションを導くことは、きわめて困難になっているものと予想される。とすれば、コモディティ化した市場の製品開発において、顧客志向を貫くことは果たして意味があるのだろうかといった疑問が浮かび上がってくる。

●顧客志向の反対論

顧客志向が強すぎると革新的な製品を開発し難くなるという指摘は、近年に始まったものではない。以前から顧客志向の限界は認識されていた（Tauber, 1974; Bennett and Cooper, 1979）。顧客志向反対論者たちの主張は、次の二点に整理することができる。

第一点は、市場調査などによって得られる顧客の意見が、顧客にとってなじみのある製品や製品属性にとどまりやすい点である。たとえば、ある自動車メーカーでは、次世代型の自動車を開発するにあたって、新しいアイデアやコンセプトを得るうえで伝統的な市場調査にはほとんど頼っていない。顧客たちの意見は、どうしても道路を走っている現在の自動車に左右されてしまうからである。改良型の製品開発には有効であっても、革新的な製品開発には、伝統的な市場調査がほとんど効力を発揮しないというのである。

第二点は、通常の顧客が最新技術の可能性を知っていることはまずなく、技術者の世界を通じて自らの世界を眺めることもないという点である。ジレットは一九九八年、三枚刃のひげ剃り「マッハ3」を導入した（西条、一九九八）。この製品の開発では、約七億五〇〇〇万ドルの研究開発費が投入され、三年の歳月が費やされた。ところが、開発段階で従来型の市場調査が実施されることはなかった。それは、ジレットがひげ剃りに対する基本ニーズをすでに理解しているとともに、ジレットが着手していた当時の最新技術の可能性を一般の消費者では理解できないと考えていたからである。ひげ剃りという日用品でありながら、「マッハ3」では実に三五にも及ぶ特許の申請がなされている。

ほかにも、製品開発における顧客志向がむしろ他社の模倣に結びつきやすい点や（Bennett and Cooper, 1981）、顧客志向が新技術の市場導入の障害となったり競争力そのものを低下させてしまう点が指摘されている（Christensen and Bower, 1996）。顧客志向反対論の立場に従えば、革新的な製品開発を進めるにあたり、企業は自らの技術力と独自の信念を中心に展開すべきであり、顧客ニーズに耳を傾けすぎてはいけないということになる。

●顧客志向の支持論

一方、顧客志向こそマーケティングの基本であり、製品開発においても顧客志向を貫くべきであるとする主張も根強い。Narver and Slater（1990）のような顧客志向の提唱者たちは、市場に目を向けることの有効性を強く支持し、顧客志向こそが優れたイノベーションを生み出し、製品開発の成功率を高めるのだと主張する（Deshpande et al., 1993; Kohli and Jaworski, 1990）。アメリカ製造業における一九四の事業単位を対象とした研究によると、企業の顧客志向が強いとライ

表5-1　顧客ニーズにおける3つのタイプ

明言されるニーズ （言葉に出して語られるニーズ）
真のニーズ （語られた言葉から，容易に推測できるニーズ）
学習されるニーズ （語ることはできないが，次第に学習されていくニーズ）

ン拡張や模倣品的な新製品ではなく、革新的な新製品を導入できる可能性が高くなることを示している（Lukas and Ferrell, 2000）。こうした発見は、顧客志向反対論とはまったく逆の結果を示している。

そこで、顧客志向反対論に対抗することのできる論理を提示しなければならない。第一に、製品開発において顧客を志向する企業は顧客を志向しない企業に比べて、顧客ニーズの捉え方において精緻化している可能性が挙げられる。言葉で発せられた表面的なニーズだけではなく、明言されない部分のニーズにも注意を向けることによって、顧客志向の意味が以前よりも深くなっているのである。

最近のマーケティング書によると、顧客ニーズはいくつかの階層に分けて捉えるべきであることが主張されている（Kotler, 2000）。本書では、「明言されるニーズ」「真のニーズ」「学習されるニーズ」の三つに分けて検討してみよう（表5-1）。常識的な企業であれば、顧客の言葉として明言されるニーズを軽視することはないだろう。顧客の言葉にあえて背いて大きな成功をおさめる確率は、きわめて低いからである。さらに、言葉の背後に意図されている真のニーズを見落とすことも少ないはずである。五〇〇〇万円前後のマンションを希望する顧客が、毎月一〇万円以上の管理費を念頭に置いていないであろうことは容易に想像できる。明言されるニーズや真のニーズは、従来の市場調査の延長で把握でき、従来の営業活動で吸い上げることができる。

ところが、新しいビジネスや新製品のアイデアの多くは、学習されるニーズに潜んでいる。この種のニーズは、顧客が常に心に抱いているものではないため、尋ねられたとしても、顧客は容易に発言することはできない。市場に提示されて、初めて顧客が学んだり気づいたりするといった性格のものである。

カメラ付き携帯電話が市場導入される前、携帯電話にカメラを付けるというアイデアを発言できる消費者はいただろうか。おそらくほとんどいなかったはずである。多くの消費者は携帯電話の改良点として、デザイン性、通話範囲の広さ、通話料金の安さ、そして小型軽量化などを求めたはずである。調査では発言されることのなかったニーズではあるが、いざ市場に出回ると、多くの顧客は自分自身が望んでいたことを学習するのである。もし学習されるニーズの存在を正しく理解していれば、企業が顧客志向を軽視できるはずはない。

第二に、顧客志向型企業は、従来よりも高度な市場調査手法を積極的に導入している可能性が挙げられる。製品開発において顧客志向を支持する企業は、新たな市場調査手法により、従来では把握できなかったニーズを浮き彫りにしているのである。Slater and Narver（1998）によると、文化人類学の研究などで用いられている参与観察の手法など、グループ・インタビューやサーベイ調査といった伝統的なマーケティング調査手法を補完する手法を学ぶことにより、企業はイノベーションを生み出しやすくなるという。

自社製品がどのように使用されているのか、使用プロセスを浮き彫りにすることも必要である。インテルやゼロックスなどいくつかの先端企業では、社会科学者たちにユーザーと数日間生活を共にさせ、ユーザーの行動を観察させている。ユーザーからの報告書に頼ることなく、実際に顧客たちがどのような行動プロセスをとっているのかについての情報を蓄積するためである(Rosenau, 2000)。

たとえば、腕時計を考えてみよう。まず毎朝腕につけ、必要に応じて時間をチェックするというプロセスがある。ゼンマイを巻いたり、ときには電池を入れ替えるといったプロセスもある。新しい価値や発想を生み出すためには、こうしたさまざまな行動プロセスに光を当ててみる必要がある。機械式の腕時計を有する人は、毎朝、腕時計のゼンマイを巻かなければならない。デジタル式時計が当たり前だと思っている人々には、こうしたプロセスは厄介な作業としか映らないだろうが、ゼンマイを巻くことで発生するわずかな音や感触がたまらないという利用者の声は少なくない。

顧客に対する慎重な観察により、顧客ニーズの再発見に成功した企業に米国のレンタカー会社エイビスがある。一九九〇年代の初頭、同社のブランド・ロイヤルティは、同業のハーツやナショナルに次いで第三位となっており、顧客満足も低下傾向にあった。そこで、顧客の腕時計や服に小型カメラを取り付け、顧客たちが自動車を借りるときの行動、声の抑揚、言葉遣いなどを観察し、心理学者や文化人類学者などによって構成されるチームで分析した。すると、サービスの迅速さや自動車のきれいさなどよりも、旅行に伴うストレスや不安を取り除くことが重要であると判明した。そこで、出発ゲートの場所やフライト状況を掲示するビデオモニターを設置し、パソコンやFAXを使うことのできるビジネスセンターを開設した。スタッフの対応も見直した。その結果、九八年までにエイビスのブランド・ロイヤルティと顧客満足は業界で第一位となった。同社の副社長であるマジーニは、「これまで何年もかけて取り組んできた分野は重要ではなく、われわれが想像もしていなかった新しい取組みが強みとなった」と述べている（Zaltman, 2003）。

インターネットの普及により、市場調査そのものの可能性も高まっている。ネット・リサーチはコストが低く、迅速な対応が可能なだけではない。キーボードによる入力であるため、従来の調査票に比べて文章記述が容易となり、より豊かな回答を得ることができる。また、オンラインによるインタビューの回答者は、インタビュアーや他のメンバーと顔を会わせる従来型インタビューの回答者よりも、はるかに本音で語る傾向にあることが指摘されている（Parks, 1997）。

第三に、顧客志向型企業は新製品導入後のマーケティングにおいて優れている可能性が挙げられる。日米のハイテク企業を対象とした調査によると、顧客志向の強い企業は新奇的で顧客にとって価値のあるマーケティング・プログラムを展開できることが明らかにされている（Im and Workman, 2004；石田・岩下・恩蔵・イム、二〇〇七）。顧客のことを知り尽くしている顧客志向型企業は、顧客を開発製品に注目させ、新しい消費スタイルを提案し、開発製品の採用を説得することにおいて優れているのである。同じような製品が開発されたとしても、市場導入後におけるマーケティングの違いによって、当該製品が市場でどれだけ進化できるか、そして市場にどれだけ定着できるかは大きく左右されるものと考えられる。

富士フイルムの「チェキ」では、フィルム価格を一枚七〇円にしたことが成功の鍵であったと開発陣は振り返っている。この七〇円という価格は、「写ルンです」を購入して、現像に出して、プリントした場合の写真一枚当たりの合計金額とほぼ同水準である。従来のインスタントカメラとは異なり、「写ルンです」と同じような感覚で気軽に写真を楽しんでほしいという狙いがあったからである。また、写真を名刺サイズにすることで扱いを容易にし、利用者が定期入れなどのケースに入れて簡単に持ち運べるようにした。

真に価値ある製品を生み出すためには、モノとして優れているだけではなく、顧客志向に基づいたマーケティング・コミュニケーションを展開し、製品を巡るさまざまな価値情報を顧客に伝達し理解してもらう必要がある。

3　不確実性と顧客志向

結局のところ、顧客志向反対論にも顧客志向支持論にも、それぞれを裏づける論理的根拠があり、製品開発を進めるうえでどちらの視点が優れているかという議論は実りが少ない。Gatignon and Xuereb (1997) は、需要の不確実性の水準によって、顧客志向がイノベーションに及ぼす影響が左右されることを明らかにしている。彼らによると、不確実性がいくぶん高まると顧客志向は有効になるが、さらに不確実性が進めば競争者志向のほうが有効になるという。製品開発においても一律に議論するのではなく、不確実性などのビジネス環境と絡めて論じることは意味がありそうである。

Courtney et al. (1997) は、将来における市場の不確実性の水準を「確実に見通せる未来」「一定の幅におさまる未来」「シナリオとして予測される未来」「不透明な未来」という四つに大きく分けている。そこで、不確実性の四つの段階と製品開発における顧客志向とを結びつけて検討してみよう（恩蔵、二〇〇一）。

「確実に見通せる未来」の段階では、企業経営にマーケティングなどを持ち出すまでもなく、適切な製品を提供することができる。市場で何が求められていて、今後、何が売れるのかが明白であれば、顧客志向などを改めて掲げる必要もないだろう。モノが不足しており「作れば売れる」と言われた戦後から高度成長期を思い起こしてもらえばよいだろう。

しかし、Gatignon and Xuereb (1997) による指摘のように、不確実性がいくぶん高まり、「一定の幅におさまる未来」として将来が予測されるような段階になると、顧客志向の有効性は高まり始める。将来を正確に予測することは難しいが、ある程度の範囲内という精度では予測ができる。市場には競争相手が増え始め、顧客は複数の選択肢のなかから製品やサービスを選ぶことができるようになる。もはや顧客を無視した製品開発では、ライバルとの差が歴然となり、顧客からの支持を得ることができない。わが国では、一九七〇年代から八〇年代をイメージすればよいだろう。

市場の未来の不透明性が「シナリオとして予測される未来」といった段階に至ると、顧客志向の有効性は一時的に低下するものと考えられる。未来は複数のシナリオの一つとしてでしか予測できず、シナリオが異なると予測は大きく外れてしまう。市場調査をはじめとする従来型のマーケティング技術は、不確実性の進行についていけず、その有効性は低下せざるをえなくなる。こうした段階において、リーダー企業であれば、不透明な未来市場をあえて探るよりも、技術主導で製品開発を進めるほうが得策であると考えるかもしれない。また、非リーダー企業であれば、やはり不透明な未来市場をあえて探るよりもリーダー企業などに目を向けて、競争主導で製品開発を進めようと考えても不思議ではない。実際、一九九〇年代のわが国では、顧客志向による製品開発の有効性が疑問視されていた。

しかし市場の不透明性がさらに高くなると、再び顧客志向の有効性は高まるものと思われる。「不透明な未来」だからといって、何の手がかりもないというわけではない。雪山で遭難して方向を失ったとき、やみくもに動き出すことは危険であるが、かといってまったく動かないことも危険である。優れた登山家であれば、ホワイトアウトと呼ばれる純白のなかにおいても、あらゆる情報を駆使して最善策を講じるはずである。

今世紀に入り、多くの市場環境の未来は不透明になりつつあるが、一方において朗報もある。マーケティング技術は高度化し、ワン・トゥ・ワンなどといった顧客との新しい接し方も浸透している。さらに、個別のニーズに対応した供給システムであるマスカスタマイゼーションが現実的なものとなっており、情報技術を駆使した顧客情報の吸い上げも可能となっている。実際、顧客一人ひとりのニーズに応じて化粧品を供給しているP&Gをはじめ、眼や肌の色、服装などを顧客に選んでもらい自分だけのバービーのお友達を供給しているマテルなど、多くの先進企業はマスカスタマイゼーションを実現している。こうしたマーケティングにおける変化は、再び顧客志向の重要性をクローズアップしてくれる。

図5-1　市場の不確実性と顧客志向

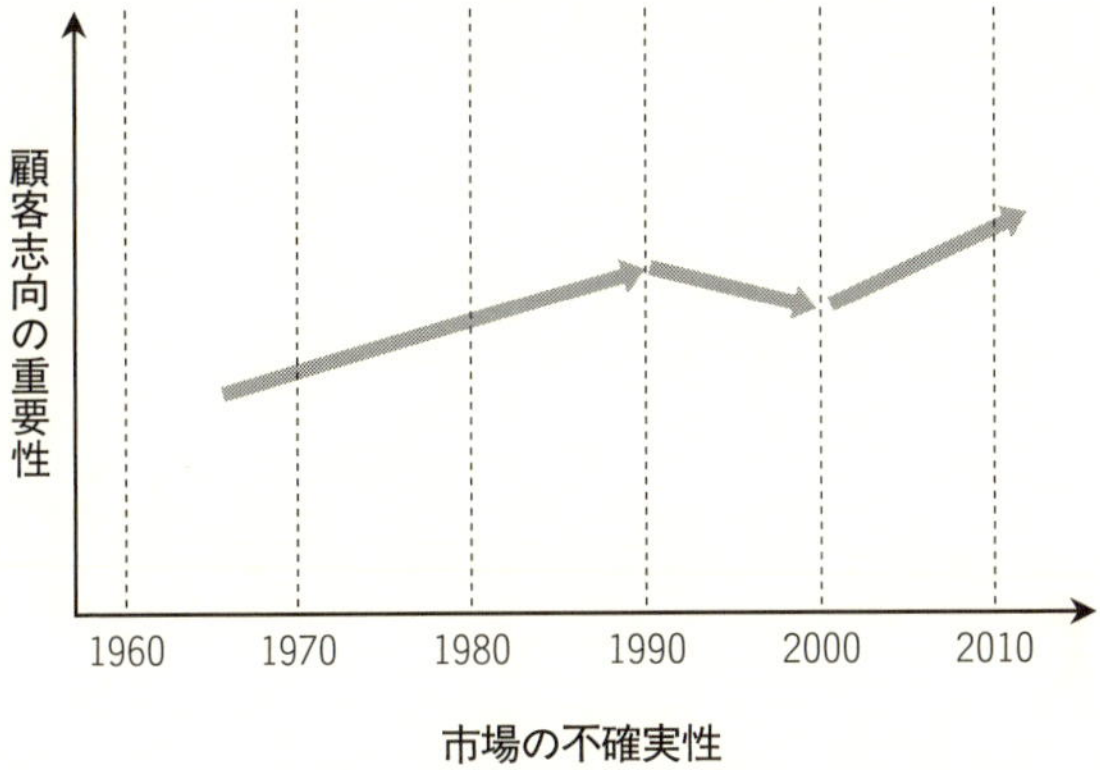

もちろん顧客志向の程度を規定する要因は、市場の不確実性だけではない。他にも検討すべき要因はあるだろう。だが少なくとも、対象としている市場の不確実性の水準を見極め、製品開発の基本方針を設定することの意義は大きそうである（図5－1）。

4　顧客代行

一部の顧客たちは、自分たちが保有している知識やスキルに関して積極的に発言したいと感じている。企業はこうした顧客たちを製品開発のプロセスに取り入れ、一部を代行させることができる。顧客代行とは、企業が一方的に顧客ニーズを追求する単なる顧客志向ではなく、マーケティング機能の実施にあたり、その一部において顧客を主役として位置づけるという企業と顧客との新しい接し方である。

サッカーでいうならば、顧客代行はチームとサポーターの関係にたとえられる。サポーターたちは、実際に戦う選手ではないが、ゲームを観戦するだけの単なる観客とも違う。少なくとも気持ちのうえでは、選手と一体となりゲームに参加している。実際、サポーターの応援で勇気づけられている選手は少なくないようである。今日の製品開発でも、これと似たような現象が生じている。企業からすると、どれだけ顧客を取り入れ、製品開発の一部を代行させられるかということがヒットを生み出す鍵となっている。

とりわけ今日では、インターネットの発達によりバーチャルなコミュニティを形成しやすくなっており、そうしたコミュニティを通じて従来にはなかった企業と顧客との接し方が現実のものとなっている。日経産業消費研究所が二〇〇二年一二月に実施した調査（消費者向けの製品やサービスを提供している製造業五〇〇社、非製造業五〇〇社を対象）によると、三〇・一％の製造業、二六・八％の非製造業が「ユーザーが互いに交流し、意見や情報交換するためのコミュニティ形成の機会や場を提供している」と答えている。また、七二・八％の企業はネット上のコミュニティを有している。企業によるコミュニティの多くは、自社ブランドの顧客ロイヤルティを高める働きを有していることから、ブランド・コミュニティと呼ばれることが多い（恩蔵、二〇〇三）。そして、コミュニティを提供している企業の多くが、コミュニティの活用方法として、「顧客ロ

図5-2　ブランド・コミュニティの活用方法

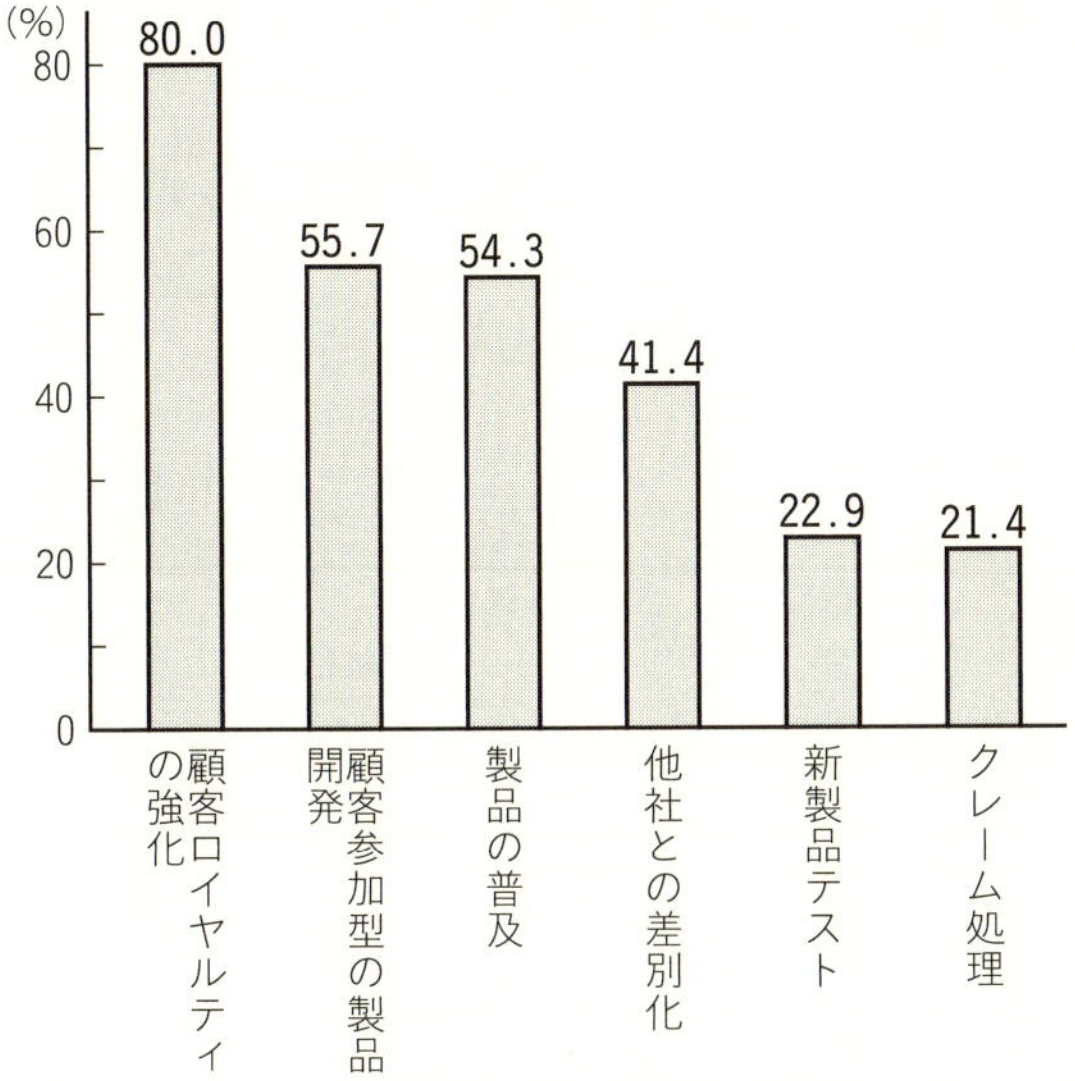

イヤルティの強化」（八〇・〇％）とともに「顧客参加型の製品開発」（五五・七％）を挙げている（図5-2）。

もちろん顧客代行を促す仕組みは、コミュニティだけがすべてではない。ほかにも、イベントや祭典などを実施することにより、企業は顧客との意味のある接点を生み出すことができる。

オフロードを走る自動車として有名な「Jeep」は、毎年、ブランドフェスタ（ブランドの祭典）を開催している。このブランドフェスタでは、「Jeep」の所有者と有力見込み客が米国国内の特定場所に集められ、オフロードでの運転、ビデオ上映、公開ディスカッション、そしてバーベキューなどが企画される（McAlexander et al., 2002)。

ブランドフェスタの企画には、さまざまな効果が確認できると報告されている。とくにオフロードを走るという点で、初心者とベテランの交流は大きな意味を有している。初心者はベテラン・ドライバーからさまざまな運転技術を学ぶことができ、ベテラン・ドライバーは初心者から尊敬されることになる。ほかでは知りえないような「Jeep」に関する情報も入手できる。はじめてイベントに参加して、場違いな所にやってきてしまったと感じていた者でさえ、イベントの終わり頃には一体感や仲間意識を有するようになるという。ユーザーたちとの時間や場の共有は、企業からすれば顧客代行の下地作りである。ブランドフェスタの期間中は、ユーザーが本音で語る言葉に耳を傾けたり、無意識の行動を観察したりして、新製品のコンセプト構築や製品評価の一部を代行させることができる。Prahalad and Ramaswamy (2000) は、顧客をコンピタンスへ取り入れることの潜在的効力について述べている。

ブランドフェスタのメリットはコンセプト構築の代行だけにとどまらない。ブランドフェスタの期間が終わる頃になると、満足した参加者たちはブランドの信奉者へと姿を変えており、参加者の各ホームタウンで好ましいクチコミを生み出してくれるからである。顧客代行という点で今日の製品開発を眺めると、大きく三つに整理することができる。それらは、「コンセプト構築の代行」「製品評価の代行」そして「コミュニケーションの代行」である。

●コンセプト構築の代行

コンセプト構築の代行では、最先端にいる個人や組織を発見し、彼らの意見や知識を取り込むことが行われる。その際、グループ・インタビューやサーベイ調査などを実施し、自社から従来どおりのアプローチをするのではなく、最先端にいる個人や組織の側から積極的に発言できる仕組みを作り上げておく必要がある。

実際、一部の個人や組織は自らの知識を進んで発言したいと考えており、そうした発言が支持ブランドの製品開発に生かされることを願っている。自らが認めているブランド（企業）だからこそ、相手にも自分を認めさせたいと思っているのかもしれない。

たとえば、３Ｍでは「リード・ユーザー・プロセス」という手法を採用し、製品やサービスのブレークスルーを体系的に進めている（Hippel et al., 1999）。同社の経験によると、ヒット製品の多くはメーカーよりも先にユーザーによって試作されており、そのアイデアは平均的なユーザーよりもはるかに先行した個人や組織によって発見されているというのである。リード・ユーザー・プロセスでは、一部の顧客によってすでに構築されている製品コンセプトに注目するのであって、調査結果をもとにコンセプトの構築を進めていく従来の製品開発プロセスとは大きく異なっている。

もちろん、リード・ユーザーは自社の顧客でなくてもよい。たとえば、自動車における画期的なブレーキであるABS（アンチロック・ブレーキ・システム）は、高価な機体がオーバーランをしないように航空機業界で開発されていた技術が自動車にもたらされたものである。

●製品評価の代行

製品評価の代行とは、製品開発の途中段階や最終段階で実施される評価を顧客に代行させることである。莫大な費用を投じて本格的に市場導入する前に、多くの企業は製品パフォーマンスとともに広告や流通などのマーケティング計画を事前に評価することがある。一般にはテスト・マーケティングと呼ばれているこうした評価は、実験室で行われることもあれば限られた市場で行われることもある。大失敗をしてしまった場合のコストを考えると、テスト・マーケティングで必要とされるコストは決して高いとは言えない。しかし顧客代行がうまく機能すれば、テスト・マーケティングをはるかに低コストで、しかも高い信頼性のもとで実施できる。

製品評価の代行では、企業が顧客にテストしてもらうというのではなく、顧客が企業に代わり進んでテストしたいと思わせる仕組みを作り上げなければならない。たとえば、マイクロソフトの「ウィンドウズ2000」の試作品では、六五万人を超える顧客が自発的にテストに参加し、改善点についての指摘をしている。コンピュータを愛する人々は、嬉々として問題点を探したに違いない。このテストにおける顧客の貢献を金額に直すと、五億ドル以上にも及ぶと言われている(Prahalad and Ramaswamy, 2000)。

開発途中の段階であって具体的な製品がなくても、顧客に製品コンセプトを評価させることもできる。楽器メーカーであるヤマハは二〇〇二年、「光るギター」の開発を進めるにあたり、開発の途中段階で製品コンセプトを顧客に評価させている。具体化してきたコンセプトを同社のホームページに掲載し、顧客の声を求めてみたところ、楽器ファンから三〇〇件にも及ぶ意見が寄せられた。ヤマハは顧客の評価をもとにコンセプトを修正し、より顧客ニーズに合致したものへとコンセプトを進化させることができた。

●コミュニケーションの代行

顧客にコミュニケーションの代行をさせることもできる。いくら優れた製品であっても、顧客に知ってもらわなければ本当の価値は生まれない。広告や販売促進を行うことにより、新製品ははじめて顧客の認知や理解を得ることができる。新製品を開発した場合、それが革新的であればる。

あるほど、顧客に当該新製品の価値を知らしめるためのコミュニケーション・コストは大きくなる。

ところが、新しい製品開発の考え方では、コミュニケーションの一部分を顧客に代行させればよい。インターネットの普及により、顧客たちはバーチャルなコミュニティを形成することができる。ホームページやチャットルームを通じて、顧客たちは迅速に新製品を評価し、そうした情報を相互に共有している。たとえば、アマゾン・ドットコムには一般読者による書評欄があり、潜在顧客たちは公平な第三者による評価を得ている。

樹研工業という豊橋市のプラスチック部品メーカーの取材に関わったことがある。同社は二〇〇二年、一〇〇万分の一グラムという超微細な歯車の開発に成功した。歯車の直径が〇・一四七ミリということもあり、肉眼で見ると粉にしか見えない。しかし、羽根が五枚付いていて中央には穴もあいており、部品として回転するように設計されている。樹研工業は試行錯誤の末、この超微細な歯車を生産することのできる金型を起こし、成型機の開発を実現した。開発された歯車が国際プラスチックフェアで発表されると、見学者たちは驚きを超えて感動さえ覚え、多くのマスコミはこぞって取り上げた。

樹研工業の松浦元男社長の言葉を借りれば、「およそ半年で、わが社の情報が北半球にクチコミで伝わった」というのである。開発には二億円を投じたが、この金額を広告に費やしても、プラスチック部品という事業を考えると大きな効果は望めない。そこで、あえて他社が行っていない超微細な歯車の開発に挑戦することで、顧客によるコミュニケーションの代行を促したのである。

一〇〇万分の一グラムという歯車は、あまりにも小さすぎて現在のところ一つも売れていない。だが、超微細な歯車を生産できるということは高度な技術力の証明でもあり、クチコミが拡がるとともに新たな取引が始まった。同社における従来の取引の約九割は家電部品であったが、今日では家電部品は約三割に減少し、代わって時計部品やカメラ部品（約四割）、自動車部品（約三割）が増えている。精密加工という高度な技術イメージが高まることで、国内はもちろん海外からも微細な部品の注文が殺到したからである。

5　むすび――経験価値の追求

コモディティ化への対応を念頭に置き、製品開発と顧客との関わり方について論じてきた。そして、不確実性の水準に応じて顧客志向の重要性が変化することを示し、また、新しい製品開発の考え方として顧客代行の可能性について述べてきた。コモディティ化への具体的対応策となると、ブランドの課題や社会的責任の課題なども忘れてはならない。これらについては、本書の第6章や第7章で論じられている。

また最近では、新たな顧客価値を生み出し、競争次元そのものを根本的に変えようとする試みもある。Pine and Gilmore（1999）は、新しい顧客価値として、第2章などでも取り上げた経験価値を提唱し、製品やサービスのコモディティ化への対応策を述べている。また、Schmitt（1999）によると、経験価値は感覚、感情、そしてマインドへの刺激によって引き起こされる。経験価値マーケティングでは、伝統的な機能的価値にかわり、感覚的価値、情緒的価値、そして認知的価値が顧客価値の中心に位置づけられている。

経験価値を訴求した製品の一つに、日本たばこ産業が導入した缶コーヒーの「Roots」がある。この製品では、ウェスト部分がくびれた「ウェストウェーブ缶」が採用されている。もともとは短時間で高温殺菌するという新しい製法の効率を高めるため、缶の表面積を増やして熱の伝導を高めるための工夫だった。しかし、ウェストウェーブ缶であることにより、「Roots」を目にしたとき、そして手に取ったとき、中身を飲まなくても他のブランドとの差別化が図られている。顧客の視覚と触覚による経験を生み出す工夫が、「Roots」のパッケージには盛り込まれているのである。

製品開発はマーケティングにおける中核的な課題であるだけに、さまざまな切り口による議論が可能である。コモディティ化への対応をより高度化させるためには、本章での議論をきっかけとして多くの研究が試みられる必要がある。

◆参考文献

Bennett, Roger C. and Robert G. Cooper (1979) "Beyond the Marketing Concept," *Business Horisons*, Vol. 22, No. 3, pp. 76-83.

Bennett, Roger C. and Robert G. Cooper (1981) "The Misuse of Marketing: An American Tragedy," *Business Horisons*, Vol. 24, No. 6, pp. 51-61.

Christensen, Clayton M. and Joseph L. Bower (1996) "Customer Power, Strategic Investment, and the Failure of Leading Firms," *Strategic Management Journal*, Vol. 17, No. 3, pp. 197-218.

Courtney, Hugh, Jane Kirkland and Patrick Viguerie (1997) "Strategy under Uncertainty," *Harvard Business Review*, Nob.-Dec., pp. 67-79（平野和子訳「不確実時代の戦略と行動」『DIAMONDハーバード・ビジネス・レビュー』一九九八年三月号、六-二〇頁）.

Deshpande, Rohit, John U. Farley, and Frederick E. Webster, Jr. (1993) "Corporate Culture, Customer Orientation, and Innovativeness in Japanese Firms: A Quadred Analysis," *Journal of Marketing*, Vol. 57, No. 1, pp. 23-37.

Gatignon, Hubert and Jean-Marc Xuereb (1997) "Strategic Orientation of the Firm and New Product Develepment," *Journal of Marketing Research*, Vol. 34, No. 1, pp. 77-90.

Hippel, Eric Von, Stefan Thomke, and Mary Sonnack (1999) "Creating Breakthroughs at 3M,"

Harvard Business Review, Sep.-Oct., pp. 47-57（平野和子訳「3Mが実践する：ブレークスルーを生み出すリード・ユーザープロセス」『DIAMOND ハーバード・ビジネス・レビュー』二〇〇〇年三月号，九三-一〇五頁）.

Im, Subin and John P. Workman, Jr. (2004) "Market Orientation, Creativify and New Product Performance in High-Technology Firms, *Journal of Marketing*, Vol. 68, No. 2, pp. 114-132.

石田大典・岩下仁・恩藏直人・イム，スビン（二〇〇七）「市場志向が創造性と新商品パフォーマンスに及ぼす影響」『商品開発・管理研究』第三巻，第1号，一九-三七頁。

Keller, Kevin Lane (1998) *Strategic Brand Management: Building, Measuring, and Managing Brand Equity*, Prentice-Hall（恩藏直人・亀井昭宏訳『戦略的ブランド・マネジメント』東急エージェンシー出版部，二〇〇〇年）.

Kohli, Ajay K. and Bernard J. Jaworski (1990) "Market Orientation: The Construct, Research Propositions, Managerial Implications," *Journal of Marketing*, Vol. 54, No. 2, pp. 1-18.

Kotler, Philip (2000) *Marketing Management*, Millennium Edition, Prentice-Hall（恩藏直人監修，月谷真紀訳『コトラーのマーケティング・マネジメント（ミレニアム版）』ピアソンエデュケーション，二〇〇一年）.

Lukas, Bryan A. and O. C. Ferrell (2000) "The Effect of Market Orientation on Product Innovation," *Journal of the Academy of Marketing Science*, Vol. 28, No. 2, pp. 239-247.

McAlexander, James H., John W. Schouten, and Harold F. Koenig (2002) "Building Brand Community," *Journal of Marketing*, Vol. 66, No. 1, pp. 38-54.

Makadok, Richard (1998) "Can First-Mover and Early-Mover Advantages be Sustained in an Industry with Low Barriers to Entry/Imitation," *Strategic Management Journal*, Vol. 19, No. 7, pp. 683-696.

Narver, John C. and Stanley F. Slater (1990) "The Effect of a Market Orientation on Business Profitability," *Journal of Marketing*, Vol. 54, No. 4, pp. 20-35.

恩蔵直人（一九九五）『競争優位のブランド戦略——多次元化する成長力の源泉』日本経済新聞社。

恩蔵直人（二〇〇一）「商品開発における顧客志向の有効性」『生活起点』第四一号、一六‐二一頁。

恩蔵直人（二〇〇三）「ブランド愛顧強化へ、消費者との交流の場」『消費とマーケティング』第二二五号、一四‐一九頁。

Parks, Alexia (1997) "On-Line Focus Group Reshape Market Research Industry," *Marketing News*, May 12, p. 28.

Pine II, B. Joseph and James H. Gilmore (1999) *The Experience Economy: Work is Theatre & Every Business a Stage*, Harvard Business School Press（電通「経験経済」研究会訳『経験経済』流通科学大学出版、二〇〇〇年）.

Prahalad, C. K. and Venkatram Ramaswamy (2000) "Co-opting Customer Competence," *Harvard Business Review*, Jan.-Feb., pp. 79-87（中島由利訳「カスタマー・コンピタンス経営」『DIAMOND ハーバード・ビジネス・レビュー』二〇〇〇年一一月号、一一六‐一二八頁）.

Rosenau, Jr., Milton D. (2000) *Successful Product Development: Speeding from Opportunity to Profit*, John Wiley & Sons.

西条都夫（一九九八）「ジレット　独自ルールで開発重視」『日本経済新聞』一九九八年五月一八日付。

Schmitt, Bernd H. (1999) *Experiential Marketing: How to Get Customers to Sense, Feel, Think, Act, and Relate to Your Company and Brands*, Free Press（嶋村和恵・広瀬盛一訳『経験価値マーケティング——消費者が「何か」を感じるプラスαの魅力』ダイヤモンド社、二〇〇〇年）.

Slater, Stanley F. and John C. Narver (1998) "Customer-Led and Market-Oriented: Let's Not Confuse the Two," *Strategic Management Journmal*, Vol. 19, No. 10, pp. 1001-1006.

Tauber, Edward M. (1974) "How Market Research Discourages Major Innovation," *Business Horisons*, Vol. 17, No. 3, pp. 22-26.

Zaltman, Geraald (2003) *How Customers Think: Essential Insights into the Mind of the Market*, Harvard Business School Press（藤川佳則・阿久津聡訳『心脳マーケティング——顧客の無意識を解き明かす』ダイヤモンド社、二〇〇五年）.

第6章 ブランド構築のピラミッド・モデル

1 はじめに

強いブランドを眺めていると、いくつかの条件が存在していることに気づく。まず思いつくのが、当該製品カテゴリーにおいて先発として市場参入しているということである。「コカ・コーラ」「ゼロックス」「ポカリスエット」などを思い浮かべてほしい。強いブランドの多くは、新たな製品カテゴリーを自ら創造し、市場を開拓している。そうした先発ブランドのなかには、その製品カテゴリーの代名詞的な存在となっているものも少なくない。また、第4章でも述べたようにネーム自体がよいことも強いブランドの条件となっている。「インテル」「ハインツ」「BMW」など、響きがよくてシンプルなネームは顧客に覚えてもらいやすく、強いブランドへと結びつきやすい。強いブランドの条件は、優れたキャッチフレーズを有することなど、ほかにもいくつか知られている。

強いブランドの条件を理解することは、ブランド・マネジメントの担当者にとって、頭を整理するという点で無視できない。しかし、自らが強いブランドを構築するうえにおいては、それほど有用とはいえないかもしれない。たとえば、「男性よりも女性のほうが長寿である」や「沖縄県民や長野県民は青森県民よりも長寿である」といった情報が、どうすれば長寿になれるのかという方法を明確に示唆していないように、強いブランドの条件も、どうすれば強いブランドが構築できるのかというメカニズムを明確に示唆していないからである。

これまでのブランド論を眺めてみても、強いブランドの事例紹介、さまざまな視点によるブランドの類型化、そしてブランド・エクイティ論の体系化などはなされているものの、ブランド構築に関して正面から論じたものはきわめて少ない。

とすれば、強いブランドの構築方法について改めて検討しておくことの意義は大きそうである。とくに、コモディティ化が進んでいる製品カテゴリーにおいて、強いブランドを構築することは有力な差別化手段となり、価格競争を回避することのできる方策となるはずである。本章では、強いブランド構築のメカニズムを「ブランド認知」「ブランド・ミーニング」「ブランド・レスポンス」「ブランド・レゾナンス」といった四つの視点から論じ、ブランド構築のピラミッド・モデルとして提示する。その上で、わが国のデータをモデルに当てはめてみた場合の事例をいくつか紹介してみたい。

2　ブランド認知の獲得

消費者が何らかの製品を購入したいと考える場合、思い浮かべるブランドはそれほど多くない。購入したいブランドの集合は想起集合と呼ばれるが、あるブランドが想起集合に含まれるためには、まず知名（認知）集合に含まれていなければならない。ブランドの集合に関するこうした枠組みは、ブランド・カテゴライゼーションとして知られている（Brisoux and Laroche, 1980）。

多くの場合、ブランド認知だけで購買行動へと導くことは難しいが、ブランド認知だけで消費者の反応が生じる場合もある（Hoyer and Brown, 1990）。たとえば、低関与の意思決定状況下では、はっきりとした態度が形成されることなく、最低限のブランド認知さえあれば購買決定へと結びつくのである。店頭に行き、知っているというだけでスナック菓子や飲料を購入した経験のある読者は少なくないはずである。こうした事実は、とにかくブランド認知を確保することの重要性を意味している。

心理学におけるパートリスト・キューイング効果によっても、ブランド認知の重要性を説明することができる（Lynch and Srull, 1982）。これは、ある情報が提示されることにより、別の情報の想起が妨げられてしまうという効果である。たとえば、ハンバーガーを食べたいと考えている消費者に、「モスバーガー」の情報が提示されると、その時点で「バーガーキング」や「マクドナルド」などの情報が思い起こされる可能性は低くなるのである。

ブランド認知はブランド再認とブランド再生に分けられる。ブランド再認とは、当該ブランドそのものが手がかりとして与えられたときに、当該ブランドを認知できることを意味している。一方、ブランド再生とは、購買状況や製品カテゴリーなどの手がかりが与えられたときに、当該ブランドを認知できることを意味している。手がかりの有無からもわかるように、一般に、再認よりも再生のほうがハードルは高い。しかし、消費行動は製品カテゴリーによって違いがあるため、どちらか一方が重要であるということは一概には言えない。ブランドの決定が店頭で行われる製品カテゴリーにおいては、ブランドが目の前にあるために、ブランド再認で十分であると言えるかもしれない。もちろん、複雑な情報処理が行われ購入されるブランドが入店前にあらかじめ決定されてしまうような製品カテゴリーにおいては、ブランド再生のほうが重要になるはずである。

ブランド認知を検討する場合、容易に当該ブランドを再生・再認してもらうだけではなく、さまざまな消費シーンで当該ブランドを再生・再認してもらわなければならない。単にブランドをしっかり覚えてもらうだけでは不十分であり、できるだけ多くの場面でブランドを思い浮かべてもらう必要がある。前者の再生・再認の容易さは「ブランド認知の深さ」、後者のさまざまな消費シーンにおける再生・再認は「ブランド認知の広さ」と呼べるだろう。つまり、強いブランドを構築するための第一歩は、深くて広いブランド認知の実現が必要なのであり、消費者の記憶内でブランドに関する知識をいかにして組織化していくかという点が大きな課題になる。

長い間、わが国においてスープは夕食時のものという捉え方がされてきた。しかし味の素は「クノール・カップスープ」ブランドを強化するにあたり、朝食や昼食など夕食以外の食シーンとスープを結びつけることにより、ブランド認知の幅を広げていった。味の素はブランドの強化を図るためにブランド認知という軸に注目し、購入世帯率だけでなく消費シーンを広めようと試みたのである。

3 ブランド・ミーニングの創造

単にブランドを認知してもらうだけで、強いブランドを構築できるとは限らない。消費者マインドのなかに、全体としてのブランド・ミーニングの創造が求められることも多いからである。ブランド・ミーニングとは、ブランドが何によって特徴づけられるのか、そして消費者マインド内で何を表すのかということである。ブランド・ミーニングは、消費者の実用的ニーズへの対応であるパフォーマンス（消費者の理性、つまり頭への訴え）と、消費者の心理的ニーズや社会的ニーズへの対応であるイメージ（消費者の感性、つまり心への訴え）に分けて検討することができる。

ブランド・マネジャーにとって、ブランド・ミーニングを創造することは最も挑戦的な課題の一つと言える。「ケロッグ」「コダック」「レブロン」「リーバイス」などは、誰でも知っているブランドであるにもかかわらず、この数年、有効なミーニングを創造できず苦境に立たされている。わが国でも「キリンラガー」「メリット」「ユニクロ」などは、同じ理由で伸び悩んでいる。たとえば、ジーンズのブランドである「リーバイス」について見てみよう。「バンダービルト」や「ビルブラス」などファッション性の高いジーンズが台頭する一方で、「リーバイス」は伝統的なデザインに固執し、スタイリッシュの追求を怠り、パフォーマンス面におけるミーニングの低下を招いてしまった。

パフォーマンスとは製品やサービスの固有な特徴と結びついているが、Keller（2003）は次の五つに整理している。

① 主要な特徴（基本的なパフォーマンス）
② 信頼性と持続性（パフォーマンスの一貫性とその寿命）
③ サービスの効果（サービスに対する消費者の要求がどれだけ満たされているか、サービス提供者の気遣いはどうか）
④ スタイルとデザイン（サイズ、形状、素材、色、音など）
⑤ 価格（価格水準と価格変動性）

同時に「リーバイス」は、他のジーンズ・ブランドと比べて、明らかに今日性の低下が確認されている。「リーバイス」はある年代以上にはジーンズの代名詞となっていても、移り気な若者の心を十分に捉えてはいない。その結果、イメージ面におけるミーニングも低下してしまったのである。

イメージとは、消費者がブランドを実質的にどう捉えているかということよりも、抽象的にどう捉えているかということに結びついている。イメージについても、Keller（2003）は次の四つに整理している。

① ユーザー・プロフィール（どのような人や組織に利用されるのか）
② 購買状況と使用状況（どのようなチャネルで購入され、どのような場所で利用されるのか）
③ ブランド・パーソナリティ（人間と同様に、ブランドが有するパーソナリティとしての特徴や価値は何か）
④ 歴史や経験（ブランドとの関わりや経験には、どのようなものがあるか）

以上のような視点で米国のサウスウエスト航空を見てみると、低価格と信頼性の高いサービスを提供する（パフォーマンス）とともに、粋で活気ある状況（イメージ）を大切にしていることに気づく。サウスウエストでは低価格であることに加えて、定刻での運行を守り、荷物の誤配も少ない。さらに乗務員が陽気で愛想のよいことでも知られている。「アマゾン・ドットコム」でも、膨大な数の品揃えとカスタマイズされた情報（パフォーマンス）を提供するとともに、誰もが気楽に使える状況（イメージ）を訴えている。コモディティ化に対抗しうる強いブランドであり続けるためには、消費者の頭と心に訴え続けなければならないのである。

4 ブランド・レスポンスの誘発

ブランド・ミーニングによって引き起こされるのがブランド・レスポンスである。ブランド・レスポンスとは、ブランドに結びついたマーケティング活動とブランド自体への反応であり、顧客がブランドをどのように思い、どのように感じているかを示している。ブランド・レスポンスはブランド・ミーニングと同様に二つに分かれており、顧客が頭で下すジャッジメントと心で感じるフィーリングからなる。

ブランド・ジャッジメントとは、ブランドに対する顧客の理性的反応のことであり、品質、信用、想起、優位性という四つの視点で評価することができる。このうち、品質とはブランドが提供している属性とベネフィットに関連しており、多くの顧客は品質に対して個人的な意見と評価を抱く傾向にある。一般にブランドへの態度は、属性とベネフィットに大きく左右される。ホテルを評価するとき、われわれは立地のよさ、建物の外観、部屋の広さ、室内のデザイン、スタッフのサービス、レストラン、付随施設などの属性やベネフィットを思い浮かべるだろう。

顧客のジャッジメントは、もちろん品質だけに左右されるわけではない。製品やサービスを提供する組織の信用についてもジャッジメントは行われる。組織としてどれくらい信用でき、どれくらい革新的で、どれくらい顧客に目を向けているか、といった視点での評価である。また想起とは、問題となっているブランドが想起集合に含まれている状態であり、当該ブランドが顧客にとって魅力的で購買するだけの価値があるとみなされていることを意味する。さらに優位性とは、ブランドのユニークさであり、競合ブランドと比較した場合の優位性を意味している。ブランド構築の最終段階であるレゾナンスを築くうえで優位性は重要であり、そのためにはユニークなブランド連想が鍵となっている。

もう一方のレスポンスであるブランド・フィーリングとは、ブランドに対する顧客の感情的反応のことである。Keller（2003）によると、ブランド・フィーリングには温かさ、楽しさ、興奮、安心感、社会的承認、自尊心といった六つのタイプがあるという。最初の三つのフィーリングは当該ブランドの消費経験によって生み出されるもので、即時的な性質を有している。一方、後半の三つのフィーリングは個人の内部に芽生えるもので、より持続的な性質を有している。

ブランドによって引き起こされる感情はブランドを消費するときの状況と強く結びついているため、レスポンスの引き上げを狙って、製品の消費時における知覚を変化させようとする知覚変換型広告がしばしば実施される。たとえば、石鹼の「コースト」は、製品を使ったときの知覚を変えるべく「目に入っても痛くない」ことを訴求し、P&Gの衣料用洗剤「ボールド」でも、従

図6-1　顧客育成に応じたブランド構築の考え方

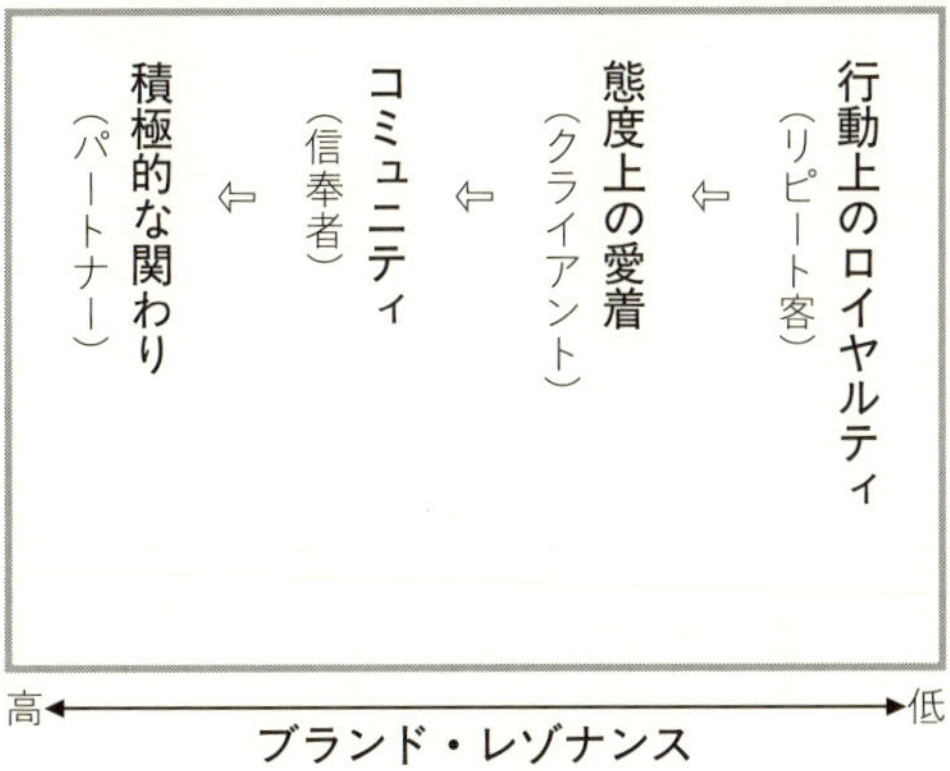

来からの洗浄力ではなく衣類の肌触りと香りのよさを訴求している。

5　ブランド・レゾナンスの構築

今日的なマーケティングの考え方の一つに顧客育成がある。顧客が育成されていく出発点を「見込み客」とすると、まず彼らを「はじめての顧客」に育成しなければならない。とにかく一度、自社の製品やサービスを購入してもらわなければ、顧客との本当の接点は生まれない。はじめての顧客を満足させることに成功すれば、彼らを「リピート客」へ育成することができる（図6-1）。そして、単なるリピート客であることから一歩前進させ、お互いに名前や顔が確認できるような「クライアント」へ育成し、さらには自社を強く支持し、他の消費者にも自社を薦めてくれる「信奉者」への育成を目指すべきである。最終的に、売り手と買い手という域を超えて、自社と積極的に協力し合う関係である「パートナー」にまで育成することが理想と言える（Griffin, 1995）。

この顧客育成という考え方を念頭に置き、ブランド・レゾナンスを四つの段階に分けて強いブランドの構築について検討してみよう。

ブランド・レゾナンスとは、顧客が当該ブランドに同調し、心理的に強い絆を有している状態のことを意味している。ブランド・レゾナンスは、まず「行動上のロイヤルティ」からスタートする。当該ブランドは量的にどれくらい購入されているのか。どれくらいの頻度で購入されているのか。どれくらいのペースで消費されているのか。顧客育成で言えば、はじめての顧客からリピート客に至る段階に相当する。はじめての顧客が製品やサービスを購入することで始まるように、ブランド・レゾナンスは消費者に自社ブランドを繰り返し購入してもらうことから生じるのである。

次の段階は「態度上の愛着」である。いかにたくさん購入し、いかに頻繁に消費していたとしても、容易に購入できるなどの単純な理由で当該ブランドを選んでいる可能性がある（恩蔵、一九九五）。缶コーヒーを購入するとき、われわれは近くの自動販売機を利用し、わざわざ離れた自動販売機にまで足を運ぶことはまずない。そこで、近くの自動販売機が自分の気に入っているブランドを扱っていなければ、別のブランドを購入することになる。この場合、いくら行動上のロイヤルティが高くても、態度上の愛着はほとんど生まれていないかもしれない。強いブランドであるためには、消費者から思われ、熱望され、そして愛されなければならない。

あるブランドを消費し、利用する人は一人ではない。ブランドを媒介として、「コミュニティ」が形成されるとブランドの強さは一気に加速することがある。アイドルに熱烈なファンクラブが形成されるのと同様に、同じブランドに愛着を有する者どうしは結びつきやすい。たとえば、ハーレーオーナーズグループ（H. O. G.）には、世界一三〇カ国で一〇〇万人以上（米国三六万人、日本三万三〇〇〇人）にも及ぶハーレー・ダビッドソンのオーナーたちが参加している。そしてグループの雑誌を読み、同じような革のジャンバーを身につけ、パーティーやツーリングなどさまざまなイベントに参加することでコミュニティを形成している（Schouten and McAlexander, 1995）。日本でも、「富士ブルースカイヘブン」と称するイベントが毎年実施されており、富士スピードウェイに数万人の人々が集合している。

コミュニティは顧客の間に限られる必要はない（McAlexander et al., 2002）。ディズニーのように従業員の間でコミュニティが形成されてもよいし、さらにヴァージン・グループのリチャード・ブランソンのような経営者を中心としてコミュニティが形成されてもよい。ブランドをめぐるさまざまな関係者の間でコミュニティが形成されたならば、ブランドとの一体感や親近感を生み出すことになる。

強いブランドの育成における最終的な目標は、ブランド・レゾナンスを「積極的な関わり」の段階にまで引き上げることである。一部の顧客はブランドに対して、購入時において金銭を支払うだけの関係にとどまらない。パートナーともいえる顧客は、支持するブランドに対して時間や労力を惜しみなく費やすだろう。ブランドのウェブサイトに目を向けたり、チャットルームを利用したりするかもしれない。そして顧客自身がブランドの伝道師や大使として働き、クチコミによって好ましい情報を広げたり、企業に対しては製品やサービスのアドバイスや改善点を伝えたりしてくれる。リレーションシップや顧客との長期的な取引が重視される今日のコモディティ化した市場において、ブランド・レゾナンスの考え方はすべてのブランドにとって無視することができなくなっている。

6　ブランド構築のピラミッド

先に述べた四つの視点を出発点として、日本市場に適用可能なブランド構築のピラミッド・モデルを提示してみよう（水島・恩蔵・Keller, 二〇〇五）。ブランド構築に関するモデルは、電通

「ブランドクリエーション」、博報堂「BRAND WIN」、アサツーDK「EX-Branding」など、大手広告会社により独自のモデルが提唱され、実務で活用されていることが知られている（望月、二〇〇二；首藤・山本、一九九八；伊藤・赤穴・宇賀神、二〇〇四）。しかし、各モデルの詳細な解説は活字として公表されておらず、研究者など第三者を交えた外部に向かっての議論も十分には試みられていない。実務的に利用可能であり、しかも確固たる理論に裏づけられたブランド構築のモデルは、コモディティ化した市場においてビジネスを展開する経営者にとってはもちろん、ブランド・マネジメントを担当する多くのマネジャーにとって価値あるツールとなるはずである。

ブランド構築のピラミッド・モデルでは、「認知」「ミーニング」「レスポンス」「レゾナンス」という四つのステップを順番に積み上げていくことが提唱されている（図6-2）。つまり、ブランド構築に近道はなく、一足飛びに強いブランドが偶然に生まれたりはしないのである。顧客の知識構造と論理的に結びついた一連のステップを注意深く着実に進めていくことこそが、最も優れたブランド構築の方法なのである。

日本版のピラミッド・モデルの構築では、Keller（2003）によって提示されている七一項目からなる質問項目を見直すことから着手した。そして、日米における文化的背景の違い、消費者特性の違いなどを考慮して、新たに五八項目からなる質問項目を作成した。そのうえで、項目に対して因子分析を実施するとともに、項目間の相関係数を考慮するなどして、最終的な二七項目を

図 6-2　ブランド構築のピラミッド・モデル

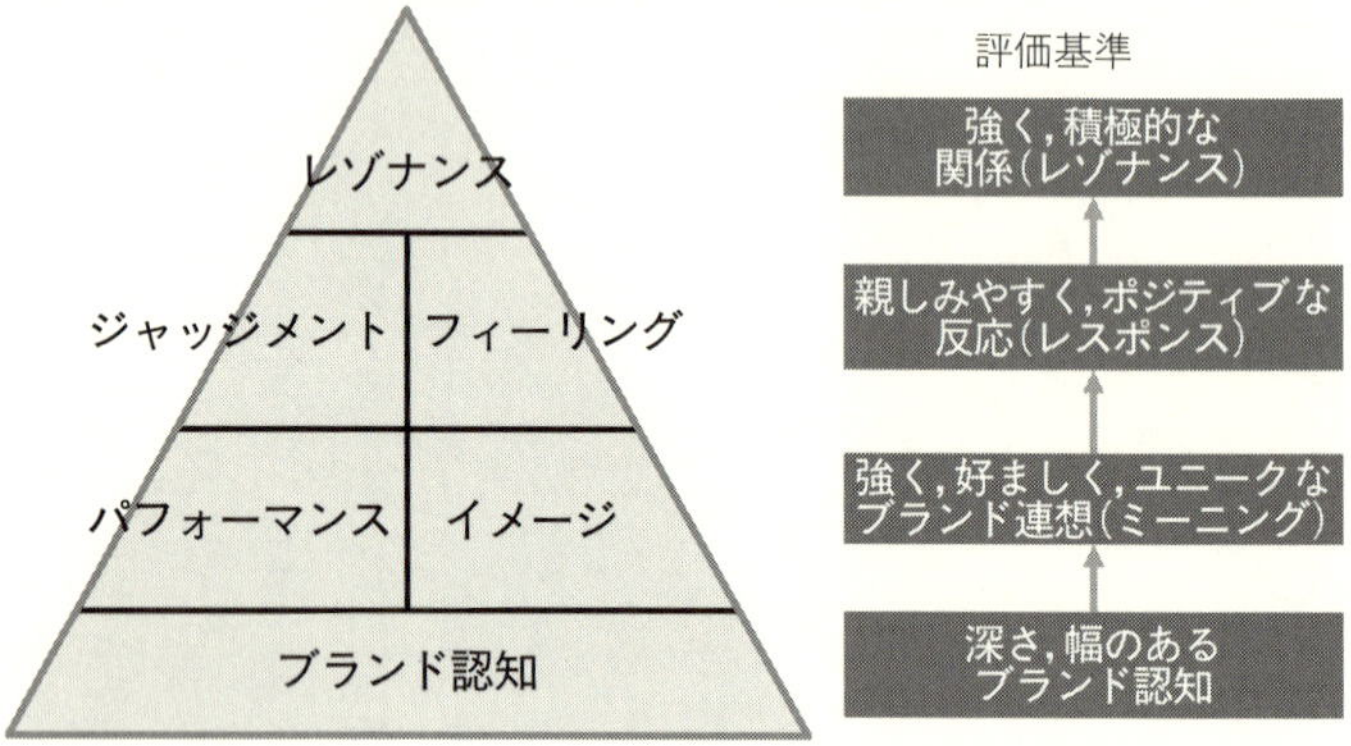

（出所）　Keller（2003），p. 99（一部を改訂した）．

表 6-1　各ブロックを測定するための 27 項目

レゾナンス	好意，適合，特別，ロイヤルティ，関心
ジャッジメント	品質性，独自効果，利便性，顧客理解性，信頼性
フィーリング	明朗感，社会的承認，ポジティブ感，穏和感，満足感
パフォーマンス	基本性能，独自性，顧客サービス力，スタイル・デザイン性，開発力
イメージ	誠実性，親近性，洗練性，躍進性，個性
ブランド認知	ブランド再生，ブランド再認

図6-3　上位ブランドと下位ブランドの比較

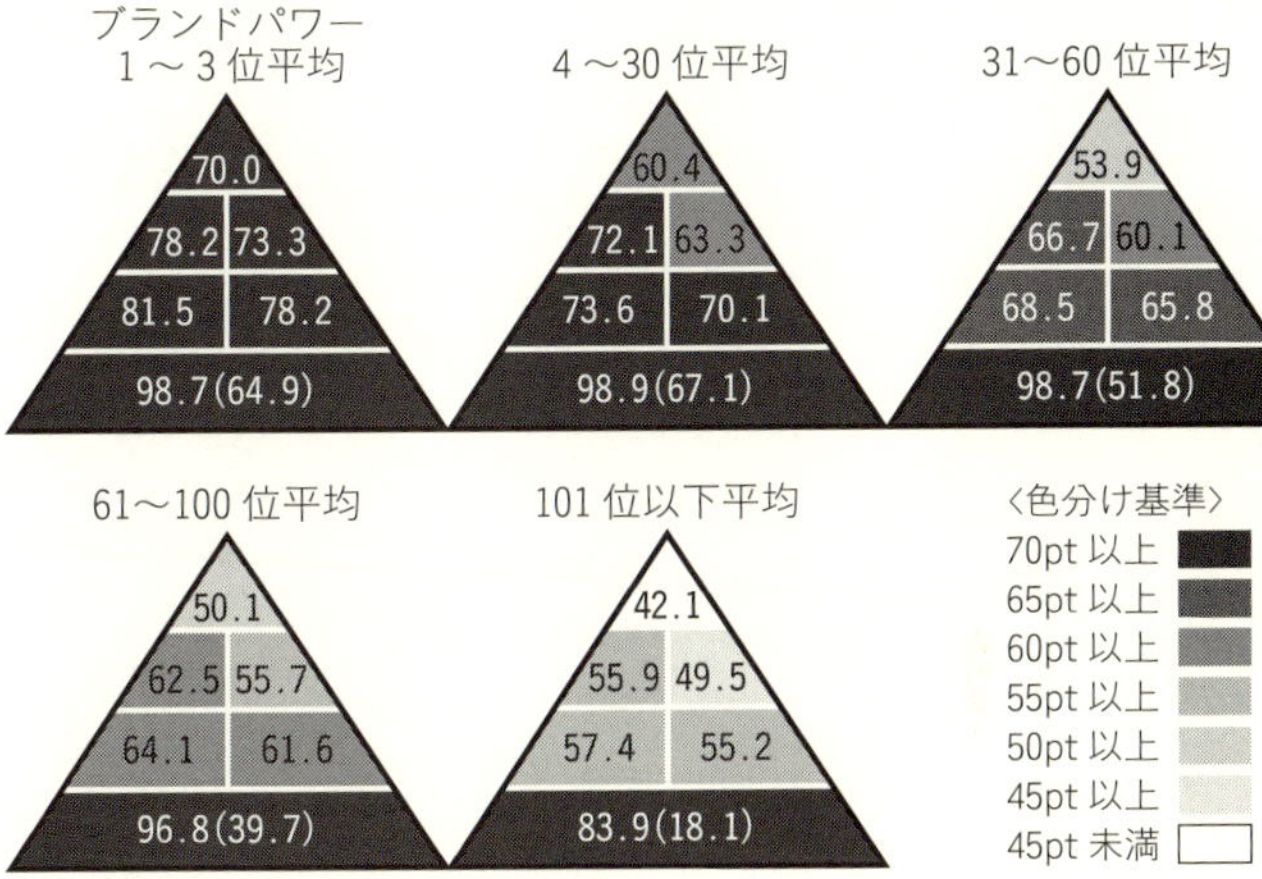

測定尺度として選び出した（表6－1）。各項目は「非常に当てはまる」から「全く当てはまらない」まで四ポイントで尋ねている。

東急エージェンシーが二〇〇三年から毎年実施しているQBRと呼ばれるデータベース（一五歳から五九歳までの男女三〇〇〇人を対象。首都圏三〇キロメートル圏内に居住している世帯から無作為抽出）を用いてモデルを検証すると、上位（一位から三位）ブランドはすべてのブロックが高ポイントとなっており、ランキングが下がるに従って、上層部のブロックからポイントが低下している（図6－3）。つまり、ピラミッドが底辺から一つひとつブロックを積み上げて作られるのと同様に、ブランドも一つひとつのステップを踏んで構築されていくという本章での理論的予測が図で再現されているのである。

7　ピラミッド・モデルの効用

日本版のモデルを作成する過程で、水島・恩蔵・Keller（二〇〇五）はブロックの積み上げに関する新たな発見をした。Keller（2003）のオリジナル・モデルでは、イメージはフィーリングにとっての基盤であり、パフォーマンスはジャッジメントにとっての基盤であるとして位置づけられている。ところが、共分散構造分析と呼ばれる統計手法でブロック間の因果関係を探ってみると、イメージからジャッジメントへ向かうパスとジャッジメントからフィーリングに向かうパスを追加することにより、モデルとしての説明力が高まることが明らかになった。その結果、日本市場におけるイメージの強化は、フィーリングを強化するための基盤となるばかりではなく、ジャッジメントを強化するための基盤にもなり、ジャッジメントの強化はフィーリングの強化をも誘発することになる。この分析結果に対する議論のなかでKellerは、「そうした傾向は十分考えられる。実際のデータによる分析はしていないが、アメリカ市場でも類似した結果が導かれる可能性はある」と述べている。

強いブランドを構築するためのステップを理論的に明確化しているという点だけをとってみて

も、ピラミッド・モデルの効用は大きいものと思われる。これに加えてピラミッド・モデルは、ブランド診断ツールやコミュニケーション効果分析ツールとしての効用を備えていることも無視することができない。

まず、ブランド診断ツールとしての効用から検討してみよう。ピラミッドの六つのステップにおいて、担当しているブランドはどの水準まで到達しているのか。マネジャーはブランドの到達水準を視覚的かつ数値的に把握することができる。その際、競合ブランドとの比較を実施すれば、競争上の優劣をも明確にすることができるだろう。さらに、世代別や地域別のデータに絞って分析することにより、ターゲット層に応じての強さも把握できる。ブランド診断については、認知やロイヤルティの視点から検討するなど、これまでにも数多くのツールが提示されてきているが、それらの多くは個々の変数を取り上げて診断するという水準にとどまっていた。本モデルに従えば、個別の変数を診断するというのではなく、ブランド構築というモデル全体としての枠組みのなかで診断できるというメリットがある。

もう一つの効用は、コミュニケーション効果分析ツールとして活用できる点である。ブランドにはさまざまなコミュニケーション上の刺激が与えられており、広告やセールス・プロモーションなどを実施すると、ブランドの評価は多かれ少なかれ変化する。その際、担当しているブランドが意図した方向に推移しているか否かをマネジャーがいち早く把握しておくことは必要である。

①ポカリスエットのブロックスコア

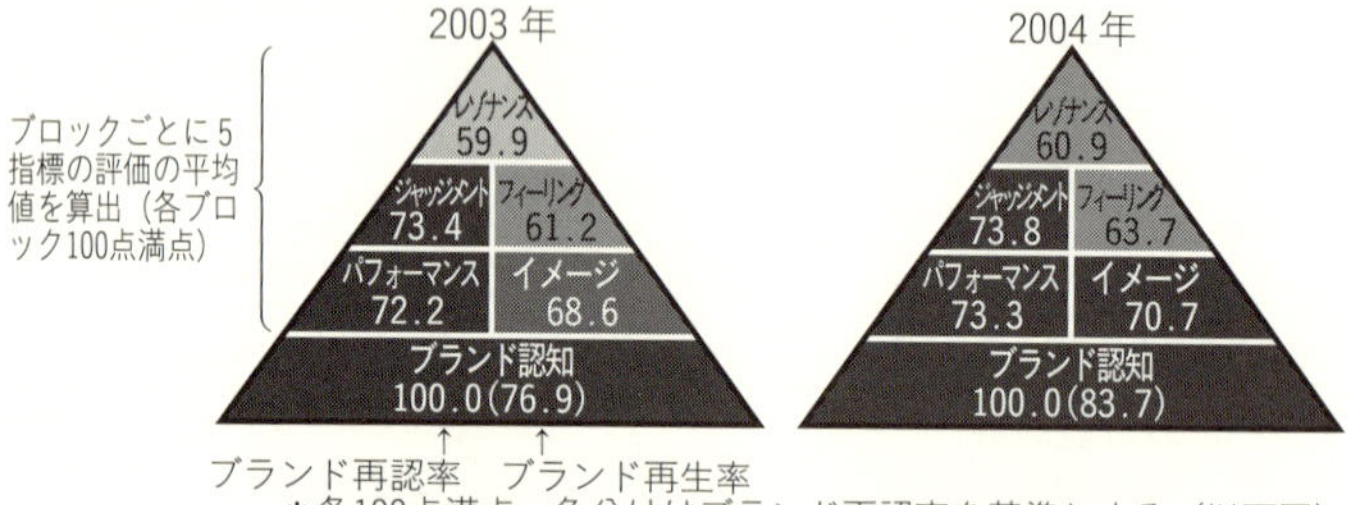

＊各100点満点，色分けはブランド再認率を基準とする（以下同）。

②2006 年競合比較

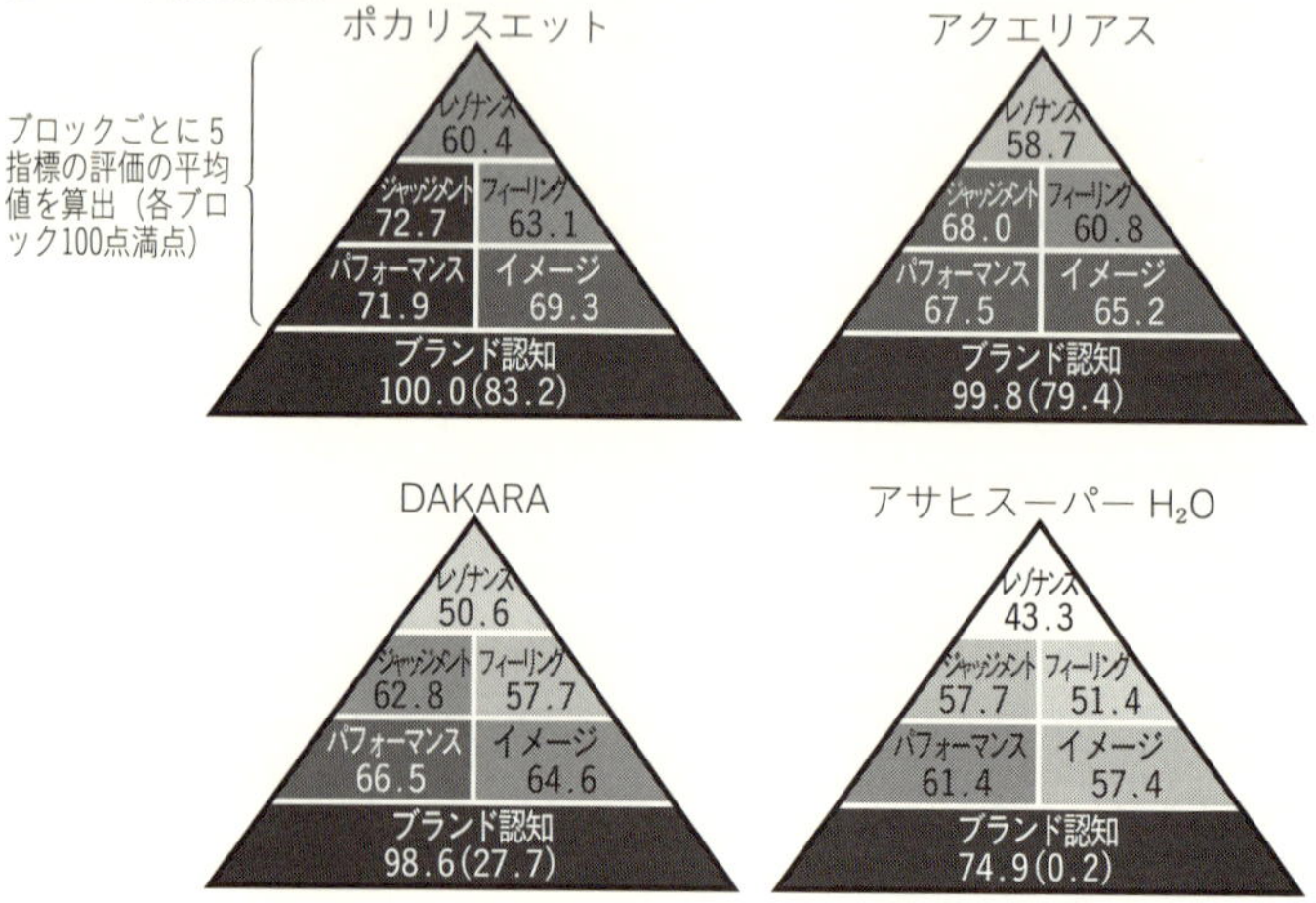

図 6-4　ピラミッド・モデルの分析事例

③ポカリスエット 2006 年年代別比較

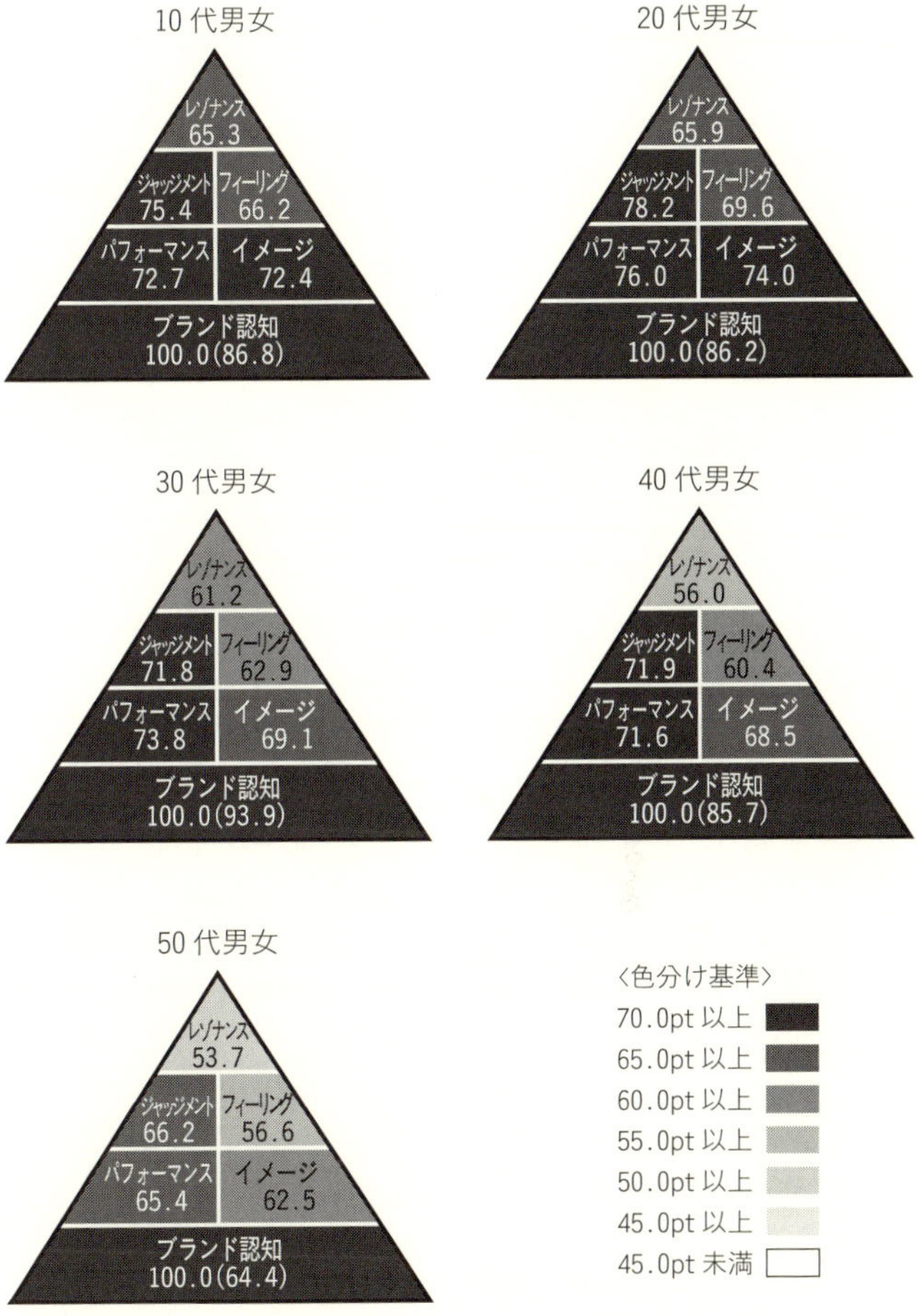
10 代男女
レゾナンス 65.3
ジャッジメント 75.4
フィーリング 66.2
パフォーマンス 72.7
イメージ 72.4
ブランド認知 100.0(86.8)
20 代男女
レゾナンス 65.9
ジャッジメント 78.2
フィーリング 69.6
パフォーマンス 76.0
イメージ 74.0
ブランド認知 100.0(86.2)
30 代男女
レゾナンス 61.2
ジャッジメント 71.8
フィーリング 62.9
パフォーマンス 73.8
イメージ 69.1
ブランド認知 100.0(93.9)
40 代男女
レゾナンス 56.0
ジャッジメント 71.9
フィーリング 60.4
パフォーマンス 71.6
イメージ 68.5
ブランド認知 100.0(85.7)
50 代男女
レゾナンス 53.7
ジャッジメント 66.2
フィーリング 56.6
パフォーマンス 65.4
イメージ 62.5
ブランド認知 100.0(64.4)
〈色分け基準〉
70.0pt 以上
65.0pt 以上
60.0pt 以上
55.0pt 以上
50.0pt 以上
45.0pt 以上
45.0pt 未満

ブランド構築のピラミッド・モデルを用いることにより、理性的な側面における強化が功を奏しているか、感性的な側面での維持がなされているかなど、キャンペーンの効果を時系列で分析することができる。

最後にピラミッド・モデルを用いた分析事例を示しておこう。大塚製薬の「ポカリスエット」のピラミッド図は、二〇〇三〜〇六年に実施されたQBR調査結果をもとに作成されたものである（図6-4）。ポカリスエットのブロック別数値をみると、〇三年におけるレゾナンスのポイントを除き六〇ポイントを超えており、七〇ポイントを超えているブロックも少なくない。このことは、日本コカ・コーラの「アクエリアス」やサントリーの「DAKARA」などと比べて、ポカリスエットが圧倒的なブランド力を有していることを意味している。

調査年別にみると、二〇〇三年から翌年にかけてイメージやフィーリングなど感性的な側面で強化されていることが確認できる。こうした数値の変化は、〇三年から翌年にかけて実施されたポカリスエットの福山雅治を起用した「イオンと若さをあげる」キャンペーンや「青いままで行こう」キャンペーンが有効であったことを物語っている。また、同じ時期に導入された「地球ボトル」も、話題性や店頭での認知を通じて少なからず貢献したことが読み取れる。

年代によるターゲット別ピラミッドを作成すると、一〇〜三〇代までの幅広い層で、高いポイントを獲得しており、単に若者だけが支持する他のスポーツ飲料とは明らかに異なったポジションを確立していることがわかる。

8　むすび

本章では、ブランドを構築するためのピラミッド・モデルについて論じてきた。コモディティ化が進む市場において、企業に何の方策もなければ、ブランド間の差別化が薄れ、どうしても価格競争へと陥っていきやすい。こうしたなか強いブランドの構築は、コモディティ化した市場における大きな可能性となっている。ブランド構築に救いを求める多くの実務家たちにとって、本章での議論は貴重な指針として役立つものと確信している。

ただし、ピラミッド・モデルの利用では、いくつかの点に注意すべきである。まず、本章で取り上げたモデルが他のアジア地域においても有効であるかどうかについては、さらなる分析が求められるという点である。とくに、イメージとパフォーマンスというミーニング段階からジャッジメントとフィーリングというレスポンス段階へのパスについては、各国によって異なるかもしれない。今日、グローバル化を無視できるブランドは少なくなっている。グローバルに展開するブランドであれば、各国の市場特性や国民性を踏まえたうえで、ピラミッド・モデルを利用しなければならない。また、本章ではブロック単位での考察にとどまっているが、各ブロックを構成するサブ項目単位での考察が不可避である点も忘れてはならない。実際のきめ細かいブランド構築は、むしろサブ項目を中心として実施されることになるだろう。

ブランド・エクイティ論によって、われわれはブランドの資産的価値を理解し、ブランド・マネジメントの重要性を認識することができた。そして今、コモディティ化という避けることの難しい大きな波に直面して、われわれはブランド構築の必要性を感じている。ブランド構築の高度化についての議論を進めるうえで、ピラミッド・モデルは大きな基盤となるはずである。

◈参考文献

Brisoux, Jacques E. and Michel Laroche (1980) "A Proposed Consumer Strategy of Simplification for Categorizing Brands," in John H. Summey and Ronald D. Tayloy (eds.), *Evolving Marketing Thought for 1980*, Southern Marketing Association, pp. 112-114.

Griffin, Jill (1995) *Customer Loyalty: How to Earn It, How to Keep It*, Lexington（青木幸弘監修、竹田純子訳『顧客はなぜ、あなたの会社を見限るのか――最高の得意客を育てるカスタマー・ロイヤルティ戦略』実務教育出版）.

Hoyer, Wayne D. and Steven P. Brown (1990) "Effects of Brand Awareness on Choice for a Common, Repeat-Purchase Product," *Journal of Consumer Research*, Vol. 17, No. 2, pp. 141-148.

伊藤直史・赤穴昇・宇賀神貴宏（二〇〇四）「体験マーケティングの効果検証――5つの体験領域を刺激するTV-CMの広告効果」『日経広告研究所報』第二一三号、二八-三三頁。
Keller, Kevin Lane (2003) *Strategic Brand Management and Best Practice in Branding Cases*, 2nd ed., Prentice-Hall（恩蔵直人研究室訳『ケラーの戦略的ブランディング』東急エージェンシー出版部、二〇〇三年）.
Lynch, Jr., John G. and Thomas K. Srull (1982) "Memory and Attentional Factors in Consumer Choice," *Journal of Consumer Research*, Vol. 9, No. 1, pp. 18-37.
McAlexander, James H., John W. Schouten, and Harold F. Koenig (2002) "Building Brand Community," *Journal of Marketing*, Vol. 66, No. 1, pp. 38-54.
水島敦・恩蔵直人・Kevin L. Keller（二〇〇五）「強いブランドを構築するためのピラミッド・モデル」『マーケティング・ジャーナル』第九五号、三一-四六頁。
望月裕（二〇〇二）「ブランドナレッジ・クリエーション――ブランドマネジメントと価値測定の新視点」『日経広告研究所報』第二〇六号、二四-三〇頁。
恩蔵直人（一九九五）『競争優位のブランド戦略――多次元化する成長力の源泉』日本経済新聞社。
Schouten, John W. and James H. McAlexander (1995) "Subcultures of Consumption: An Ethnography of the New Bikers," *Journal of Cousumer Research*, Vol. 22, No. 1, pp. 43-61.
首藤明敏・山本直人（一九九八）「ブランド戦略のパートナーシップの確立に向けて――博報堂ブランドマネジメントシステムBRAND WIN」『日経広告研究所報』第一八一号、二一-二六頁。

第III部

組織課題対応

第7章 社会志向のマーケティング

1 はじめに

企業やブランドは生き物にたとえられることがある。そして、生き物がその生存を脅かす危機に直面するように、企業やブランドもその存続を脅かす危機に直面する。場合によっては、通常の生き物よりも企業やブランドのほうが、頻繁に危機に直面しているかもしれない。また、生き物の世界では問われることのない社会的責任という厄介な課題も存在しており、社会的責任への対応の巧拙によって、企業やブランドの活力は大きく左右されてしまう。企業やブランドにおける寿命の大きなバラツキは、さまざまな危機への対応の違いによる部分が少なくない。

新製品の失敗率の高さを持ち出すまでもなく、市場参入直後に消えてしまう企業やブランドが後を絶たないことは周知のとおりである。『フォーチュン』五〇〇社にランクされる優良企業であっても、設立から倒産までの寿命は平均すると四〇年から五〇年にすぎないといわれている(Geus, 1997)。日本企業の寿命がわずか三〇年であるという説も、一時話題を呼んだことがある(日経ビジネス、一九八四)。一八九六（明治二九）年から一〇年間隔に有力企業一〇〇社をランキングすると、一〇期間に登場する企業総数は四一三社にのぼり、一社平均で二・五回しか登場しない。しかも、一期だけという短命企業が一九四社もある。ところが、「キッコーマン」「松坂屋」「コカ・コーラ」のように、企業やブランドのなかには、一〇〇年を超えて存続するものがある。優れたマネジメントや卓越したマーケティングにより、幾多の危機を乗り越えることができれば、企業やブランドは半永久的に存続できるのである。一方、人間をはじめとする多くの生き物は、いくら健康に留意し節制をしても、平均寿命の五倍あるいは一〇倍を超えて生き延びることができない。

顧客による要求水準の向上、ハイパーコンペティションという言葉で説明される新しいスタイルの競争、そしてブランド間における本質的な違いが失われていくコモディティ化など、今日の

表7-1　自動車リコール届出件数および対象台数

年　度	国産車		輸入車		合　計	
	件　数	台　数	件　数	台　数	件　数	台　数
1980	17	502,331	7	13,117	24	515,448
1985	6	138,397	21	26,377	27	164,774
1990	17	1,266,116	40	70,040	57	1,336,156
1995	10	52,880	35	101,337	45	154,217
2000	112	2,151,728	64	259,112	176	2,410,840
2005	227	5,406,889	82	256,376	309	5,663,265

（出所）国土交通省ホームページ（2007）。

ビジネス活動は大きな環境変化に直面している。そして環境が変化することによって、従来では何ら問題視されることのなかった企業活動が社会問題となったり、ちょっとした油断で大きな危機へと結びつく場合も少なくない。企業はますます社会的責任を問われ、多くの危機に直面しつつあるといえる。

たとえば、国土交通省が発表している自動車のリコール届出件数の推移を見てみよう。一九八〇年におけるリコール件数は国産車と輸入車を合わせて二四件であったが、九〇年には五七件、二〇〇〇年には一七六件へと増加し、〇五年には三〇〇件を超えている。明らかにリコール件数は年とともに増加し、件数の増加に伴って対象台数も増えている（表7-1）。

こうしたなか、社会的責任の本質や危機の意義を見つめ直してみることは時宜にかなっていると思われる。とりわけ、企業やブランドにとっての社会的責任や危機が、戦略的に活用できたり、あるいは適切に乗り越えられるとするならば、われわれは社会的責任や危機についてじっくりと考察してみる必要がある。本章では、社会的責任や危機などへ対応するマーケティングを社会志向のマーケティングとして捉え、マーケターはそうした課題に対してどのように対応すべきなのかについて論じてみる。

2　社会的責任の重要性

同じような二つのブランドがある。どちらのブランドも、品質面やサービス面で遜色はない。価格もほとんど同じだったとしよう。一つだけ違う点があるとすれば、一方のブランドは社会貢献を積極的に果たしていることである。このようなとき、読者はどちらのブランドを選ぶだろうか。どうせなら、社会貢献に積極的なブランドを応援してあげたいと思うのではないだろうか。ここでのブランドとは、店舗ブランドであっても製品ブランドであってもよい。

米国のコーン・ローパー調査によると、「八二％の回答者は、世界をよくするために何らかの行動を起こしている企業について、よりポジティブなイメージを持つ」「六二％の回答者は、自分が関心を持つ社会的問題に貢献している小売店にスイッチする」という（Cone, 1993/94）。また、ビジネス・フォー・ソーシャル・レスポンシビリティによる調査では、「一七%の人が、社会的責任を果たしていない企業の製品の購買拒否を実際にしたことがある」と報告している(Business for Social Responsibility, 1999)。今日、多くの企業にとって、社会貢献活動は避けて通ることができなくなっている。企業市民、地域貢献、企業責任など呼び方はいくつかあるが、企業の社会的責任を果たすという点で違いはない。

年次報告書やウェブサイトを見ることによって、各社の社会的責任に対する考え方を読みとることができる。フォード・モーターでは、「優良企業と偉大な企業には違いがある。優良企業は優れた製品とサービスを提供する。偉大な企業も同様に、優れた製品とサービスを提供するがそれだけではない。世界をより住みよい場所にするために真剣に努力するのだ」とある。アメリカン・エキスプレスでも、「企業が事業活動の場となる地域社会にお返しをすることは当然のことであるという以上に、そのこと自体が賢明なビジネス行為である。健全な地域社会にとって重要なのは、社会に福祉が整い、経済全体が円滑に回ることである」と述べている。ナイキもまた、「ナイキをはじめ二一世紀に活躍するすべてのグローバル企業の業績は、成長性や利益率で計られるだけではなく、生活の質的向上にどれくらい貢献したかによっても評価されるだろう」と主張している。

企業は社会的責任に積極的であることを自らアピールしており、いくつかのウェブサイトには、各年度に実施した貢献活動などが詳細に解説されている。今日の社会的責任では、後ろ向きではなく前向きの姿勢がとられているのである。ヒューレット・パッカードの元会長カーリー・フィオリーナは、「今日を代表する多くの企業や団体が、社会的課題や環境問題などの検討事項を最初からビジネス戦略に組み入れることで、最先端の技術革新を可能にし、競争優位をわがものにしている」と述べた。わが国の大手流通企業グループであるイオンも、「お客様を原点に平和を追求し、人間を尊重し、地域社会に貢献する」という基本理念を掲げ、地域社会との関係を強化するとともに、環境や福祉への取組みに力を注いでいる（イオン、二〇〇五）。たとえば、一九八九年に「イオン一％クラブ」を設立し、グループの優良企業から税引き前利益の一％を拠出し、環境保全や地域の文化・社会の振興を支援しはじめた。さらに九一年には「クリーン＆グリーン活動」をスタートさせ、従業員がボランティアとして公園、河川敷、公共施設などの清掃を行っている。ほかにも、環境保全や芸術文化の振興を目的として、イオン環境財団（九〇年）と岡田文化財団（七九年）を設立し、さまざまな活動に取り組んでいるのである。

3　戦略的な社会的責任への進化

表 7-2　社会的責任の進化

	従来型の社会的責任	今日の社会的責任
領　域	自社ビジネスとの関係は希薄	自社ビジネスとの関係は密接
姿　勢	場当たり的	戦略的
焦　点	八方美人的で絞り込み少ない	有効分野への絞り込み
期　間	短期的なコミットメント	長期的なコミットメント

社会的責任に対する企業の考え方は、この二〇年ほどを振り返ってみると大きな変化を遂げている。一九九〇年以前、企業の社会的責任は、「何をしたら良い会社として映るのか」という視点で取り組まれていた。そのため、どうしても八方美人的な行動に陥りやすかった。多くの団体へ寄付をし、短期的なコミットメントを繰り返していた。自社のビジネスとはできるだけ距離を置いた団体や課題に取り組もうともしていたようである。そこでの社会的責任は、ビジネス目標を戦略的に支援するという性格のものではなく、役員会の好みや社長の希望で対象が選ばれる場当たり的な性格のものであった。また、自社が数あるスポンサー企業の一社であることに対しても、疑問が持たれることはほとんどなかった。

ところが一九九〇年代に入ると、社会的責任は次第に姿を変えていく（恩蔵、二〇〇七）。多くの企業による社会的責任への取組みは自社のビジネスと結びつきの強いものとなり、企業の姿勢は場当たり的と言うよりも戦略的になっていった。当然のことではあるが、「良いことをしている」と感じるだけでは不十分であり、本業への見返りを意識した取組みとして評価されるようになり、フィードバックや成果測定までもが求められるようになっていった（表7‐2）。

社会的責任におけるこうした変化はなぜ生じたのだろうか。第一に、製品やサービスのコモディティ化が考えられる。企業間の提供物における本質的な違いが乏しくなると、企業は新たな差別化軸を見出さなければならない。そうした折り、社会的責任はブランドを差別化する一つの素材となる。イギリスに本社を置く化粧品メーカー、ザ・ボディショップは自社製品のテストにおいて動物実験をしないというポリシーを貫き、動物実験そのものの廃止を求めている。この事実は、創業者であるアニータ・ロディックとともに、多くの好意的なパブリシティ記事で取り上げられた。その結果、ザ・ボディショップは多くの競争ブランドとはまったく異なるブランド・ポジショニングを確立することに成功している。さらに二〇〇六年、フランスの大手化粧品会社ロレアルによって買収された後も、「ザ・ボディショップは今後も動物実験に関する方針に変更はない」と表明している。またロレアルも、ザ・ボディショップの独自の方針を理解し尊重するとしている。社会的要素を盛り込んだマーケティングの取組みは、社会的要素の少ない同じようなマーケティングの取組みより、ブランドに対する評価や印象にポジティブな影響を与えることができるのである（Bloom et al., 2003）。

第二に、ある種の保険的機能を求めた結果によるとも考えられる。余力のあるときに積み立てておけば、いざというときに役に立つ。日頃から高い評判を得ている企業は、有能な人材の確保や従業員のモチベーション・アップなどにおいて優位な立場を維持することができる。『フォーチュン』における「働きたい企業」のランキングが始まって以来，防水ブーツで有名なティンバーランドは毎年その名を連ねている（Kotler and Lee, 2005）。この背景には，独自のコミュニティ・ボランティアの制度がある。ティンバーランドでは，フルタイムの従業員に対して年間四〇時間，パートタイム従業員に対しても年間一六時間のコミュニティ・サービスに参加するための有給休暇が認められている。パス・オブ・サービス（POS：社会貢献への道）と呼ばれるこの制度は一九八九年，小さな民間ボランティア・プログラムであるシティ・イヤーに五〇足の同社のブーツを寄贈したことから始まった。これをきっかけとして，シティ・イヤーのメンバーとティンバーランドの従業員が共同でボランティア活動に取り組んだ。すると，ボランティアは大変意義深く，従業員にとって好影響をもたらすことが明らかとなった。現在では，ティンバーランドの九五％もの社員が二〇〇以上ものコミュニティ組織に貢献しており，POSなどの取組みが同社で働くことの大きな理由の一つとなっている。

消費者，投資家，従業員たちが企業を選択する場合に，当該企業の倫理観を重視するようになってきたという背景も見逃せない（Hess et al., 2002）。宝焼酎がペットボトルを変更したとき，興味深いことが起きた。同社の焼酎二・七リットルの容器は，本体部分のペットと取っ手部分のPP（ポリプロピレン）でできていた。消費者からすると，丈夫な取っ手は持ちやすいが，リサイクルという点では分別できないという問題があった。宝焼酎はこの容器をエコペットボトルに変更し、取っ手部分のPPをなくして、ペットの一部分をへこませてグリップをつけた。従来の取っ手と比べると、どうしても持ちやすさという点で劣っている。ところが、特別な広告キャンペーンを実施することなく、宝焼酎の売上は伸びていった。消費者も取引先も環境に優しい新しい容器を支持し、そのことが売上増をもたらしたと宝焼酎では理解している。

4 社会的責任と危機

戦略的な社会的責任について理解したうえで、次に危機について考察してみよう。危機と社会的責任は密接に結びついており、一つの危機が社会的責任の問題そのものに姿を変えることもあれば、社会的責任への優れた対応によって幾多の危機が回避されることもある。

前者の事例としては、二〇〇〇年に近畿地方を中心に発生した雪印集団食中毒事件が挙げられる。食中毒として認定された消費者は一万三〇〇〇人を超え、過去最悪の食中毒事件とされている。さらに、この事件に対する同社経営陣の不適切な対応は、一つの事件をはるかに超えた問題へと深刻化させ、企業の社会的責任が問われることになった。結局、スーパーなどの小売店頭から雪印グループ商品は全品撤去され、雪印はブランド・イメージを著しく低下させ、雪印グループの解体・再編を余儀なくされるまでに至った。

後者の事例としては、一九九二年のロス暴動時におけるマクドナルドが挙げられる。マクドナルドは、ドナルド・マクドナルド・ハウスを通じて地域社会との関係を強化し、小さな子どもを持つ親に予防接種の重要性を教育したり、世界規模での募金活動を展開したり、災害に直面した地域を支援したりするなどの取組みを続けてきている。さらに二〇〇一年九月一一日のテロ時には、被災地で七五万食を無料で提供している。マクドナルドの古くからのこうした取組みが人々に浸透していたために、ロス暴動という危機に直面したとき、暴徒たちはマクドナルドの店舗に手を出すことはせず、ロサンゼルス中南部のフランチャイズ六〇店舗は破壊行為から免れることができたのである（Hess et al., 2002）。

●ブランドの危機

企業やブランドにとっての危機を考察するとき、最初に認識しておくべき点は、危機を受ける対象が何なのかという点である。直接的には特定ブランドの危機であっても、そのブランドを所有する企業に何も影響を及ぼさない危機などない。とすれば、ビジネスにおける危機とは、すべて企業にとっての危機ということになる。しかし、一企業で複数のブランドを有していたり、ブランドが企業間で売買される状況を考えると、少なくともブランドにとっての危機と企業にとっての危機を分けて考察する必要があるだろう。もちろん、「ナイキ」や「キリンラガー」のように、ブランド名が企業名もしくは企業名の一部となっている場合には、ブランドの危機が企業の危機へと結びつきやすくなる。

だが、企業全体の問題からは切り離し、特定ブランドの危機として検討できるものがある。ブランドに対する誹謗や中傷、製品パフォーマンスの欠陥、ブランド・マーケティングの失敗、競争ブランドによるマーケティング攻勢、そして代替製品の参入などがそれである。

「コカ・コーラ」や「ペプシ・コーラ」は、一九七〇年代、「原液のタンクの中から死体がみつかった」「歯が溶ける」「不妊症になる」などの噂で、毎年のように悩まされていた。米国の鎮痛剤として有名なジョンソン&ジョンソン社の「タイレノール」は、八二年に自社製品に毒物を混入され、市場シェアを一気に落としたことがある。ジーンズで有名な「リーバイス」は、八〇年代の初頭、水着や二〇〇〇ドルもする背広にまでブランドを拡張して、ブランドの名声を著しく傷つけたことがある。「キリンラガー」は、九五年に加熱処理から非加熱処理に変更したことにより、深刻な不振に陥ってしまったと言われている。これらは、いずれもブランドが深刻な危機に直面した事例である。

危機に直面して、適切に対処できないブランドは、市場からの撤退を余儀なくされてしまう。長期にわたり市場に存続するブランドで、危機に直面したことのないブランドはまずない。そのため、ブランドの危機は現実のビジネスにおいて、最も直面しやすい危機と言える。ただし、危機の対処に失敗して一つのブランドを失ったとしても、企業全体のダメージとはならないケースが多いので、企業は存続することができる。

●企業の危機

個々のブランドというよりも、ブランドを所有する企業全体にとっての危機もある。個々のブランドの名声や価値にはあまり影響しないが、ブランドを有する企業が陥ってしまう危機である。たとえば、万能薬で知られるブランド「メンソレータム」を所有していた近江兄弟社は、一九七四年に経営が行き詰まってしまった。その後、「メンソレータム」ブランドは、ロート製薬に受け継がれ今日に至っている。企業の危機は、必ずしもブランドの危機ではないことがわかる。また、英国の高級紳士婦人服ブランドとして有名な「アクアスキュータム」は九〇年、レナウンによって買収された。外食産業の大手「京樽」も、九七年に加ト吉に受け継がれた。ブランドを所有する企業は移っても、資産としてのブランドは生き続けることができるのである。

不良債権問題、経営幹部の汚職や不正行為、金融機関による支援の打ち切り、独占禁止法などへの抵触、経営不安の噂などは、個々のブランドというより企業全体にとっての危機である。こうした危機の対処に失敗して、仮に企業が滅んだとしても、ブランドは別の企業に所有され存続できる可能性がある。欧米においては、ブランドの所有権移転が日常茶飯事として行われている。

乗り越えなければならないという点では、企業の危機もブランドの危機も本質的に違いがない。しかしながら、マーケターにとっての課題という点、コモディティ化した市場への対応という点を考慮し、以下ではブランドの危機に焦点を当てることにしよう。

5　良い危機と悪い危機

危機を好むマーケターはいない。苦境に身を投ぜずにすむのであれば、誰もがそうありたいと望むだろう。これまでのマーケティングでは、危機は悪であり、可能な限り回避すべき存在と捉えられてきた。だが、本当に危機とはすべてが悪だと言い切れるだろうか。Perry（1990）による「良い競争相手と悪い競争相手」の議論を引き合いに出すことによって、危機に対する新しい見方が浮かび上がってくる。

●良い競争相手とは

一般的に言えば、競争相手は少なければ少ないほど望ましい。ライバルが少なければ、自社の取り分は大きくなりやすいからである。三ブランドで競争している市場に、四番目のブランドが参入すれば、既存ブランドの取り分は多かれ少なかれ低下する。選択肢が多くなることにより、各ブランドが選ばれる確率は小さくなるという正則性効果の考え方である（Luce, 1959）。だが、強い競争力を獲得したいと願うならば、競争相手の存在は不可欠であり、しかも手ごわい競争相手ほど望ましいかもしれない。

スポーツや競技の世界では、強力なライバルの存在があって、はじめてチームや個人の能力が最大限に引き出されることが知られている。これは、ビジネスの世界においても似ている。低価格の模倣品を販売している競争相手やニッチ市場を追求している競争相手は、自社の競争力を高めてくれることはなく、マイナスの影響しかもたらさない「悪い競争相手」と言える。反対に、真っ向から競争を挑み、自社の競争力を高めてくれるライバルは、実は「良い競争相手」なのである。強力な競争相手からの圧力があって、はじめて企業は多くのことを学習したり、組織の結束力を高めることができるからである（恩蔵，一九九八）。

では，危機はどのように解釈できるのだろうか。武田薬品の「アリナミン」が一九七一年に被った有害説，八〇年代に発生したグリコ森永事件，そして九三年に発生した「ペプシ・コーラ」缶の注射器発見事件など，これらの危機は突然降ってわいたような事故であり，回避できるに越したことはない。これらは企業に多大な犠牲のみを強いる「悪い危機」と考えられる。ところが，マーケティングの歴史を振り返ってみると，危機を乗り越えることによりブランド・ロイヤルティを以前にも増して高めたり，売上高を一層伸ばしているブランドが少なくないことに気づく。たとえば，コカ・コーラによる「ニュー・コーク」導入による危機がある。

一九八五年四月，コカ・コーラは延べ一九万人にも及ぶ消費者調査の後，従来の味のコークを中止し，新しい味のコークを導入した。当時，躍進しつつあったやや甘めの「ペプシ・コーラ」へ反撃するための一大戦略であった。新しいコークはニュー・コークと名づけられ，従来よりも少し甘めの味がつけられていた。ところが結果は散々だった。一日に，一五〇〇件にも登る苦情の電話があり，トラック数台分にも及ぶ苦情の手紙が届いた。いずれも従来のコークの復活を訴える人々の熱い思いが込められていた。もちろん，ニュー・コークの売上は期待に反するものだった。従来のコークをビンテージものと称し，プレミアム価格で売り出す業者さえ現れた。コカ・コーラは，ブランドの危機を自らの意思決定で招いてしまったのである（Winters, 1989）。

ニュー・コークの導入は、後に多くのビジネス・スクールにおいて教材として用いられるほど、誤ったマーケティングの意思決定という烙印を押されてしまった。一九八五年七月、コカ・コーラは消費者の圧力に屈した形で、「コカ・コーラ・クラシック」として従来の味を復活させた。多くのビジネス書はここで話が終わっている。

だが、危機を乗り越えるマーケティングでは、ここからはじまる話が重要となる。コカ・コーラ・クラシックを復活させたコカ・コーラは、ブランドの危機を克服しただけではなかった。米国の消費者にコカ・コーラの存在しない生活を強く認識させ、消費者の心の中に眠っていたブランド・ロイヤルティを目覚めさせることに成功した。米国内でコカ・コーラの市場シェアを脅かしていたペプシ・コーラは、この事件を契機に市場シェアの伸びが鈍化してしまった。逆に、コカ・コーラの市場シェアは盛り返し始めたのである。長期的にみると、この危機はコカ・コーラに大きな財産をもたらしたと考えることができる。味の変更によって招いた消費者の反感という危機は、乗り越えてみると、実は「良い危機」であったことになる。

●良い危機の存在

一九九〇年に発売された自動車「サターン」も、良い危機に直面している。発売から約一ヵ月後、前部座席のリクライニング装置に欠陥のあることが明らかとなった（Smith et al., 1996）。問題点が突き止められると、一四八〇台の欠陥車をただちにリコールし、同時に、すべての顧客に速達郵便を送り、自動車の調子について尋ねた。ディーラーのないアラスカの顧客には、担当者が交換用の座席を飛行機で運ぶことまでした。リコールはきわめて順調に進み、大きな問題には至らなかった。そこで、この一連のリコール活動が広告キャンペーンで取り上げられた。たとえば、飛行機でアラスカに向かう様子がテレビ広告で放映された。顧客の多くはサターンの対応に感動し、ますます強いブランドへの信頼を抱いた。サターンでは、マーケティング活動のなかに危機への対応が完全に組み込まれており、リコールとその後の措置はまさに戦略の一部だったのである。

良い危機と考えられる事例は、もっと身近なところにもある。米国の大手百貨店「ノードストローム」は、「絶対にノーとは言わない」ことで知られている（Spector and McCarthy, 1995）。たとえば、次のような話がある。ある男性がノードストロームでスーツを購入し、何カ所かに寸法の直しを頼んだ。ところが、送られてきたスーツを着てみると体に合わなかったため、苦情の手紙を送りつけた。ノードストロームはすぐさま、この男性のオフィスに仕立て屋を同行して新品のスーツを作り直した。もちろん追加料金を取ることはない。シアトルのダウンタウン店でセールをしていたところ、ある女性がダナ・キャランのえんじ色のスラックスを気に入った。ところが、彼女に合うサイズは在庫切れを起こしており、対応していた店員はシアトル地域内の他の五店をあたったが、どの店にも在庫はなかった。そのとき、店員は向かいの競合店に走り、その商品を通常価格で購入し、自分の売り場に持ってきてセール価格で販売した。もちろん差額は店舗側の負担である。ある日、自動車タイヤを返品したいとの申し出があった。ノードストロームでは自動車タイヤを扱っておらず、もちろん拒否しても何ら問題はなかった。ところが、申し出を認め返金までした。この自動車タイヤは、アラスカ州の百貨店「ノーザン・コマーシャル」で売られたものであり、その店舗をノードストロームが買収していたからである。

ノードストロームには、こうした逸話が溢れている。消費者からの苦情や不満など、日々、小売業は危機と向かい合っている。返品を求めてきたり、苦情を訴えた消費者に適切な対応をすることで、ノードストローム・ブランドは消費者からの愛顧を高めているのである。

あるブランドに対する肯定的な意見は、周囲の五～八人ほどにしか語られないが、否定的な意見は一〇～一六人ほどに語られるという（Murphy, 1997）。ちょっとした苦情や不満でも、適切に解決できなければ悪い危機となってしまう。だが、適切に解決できれば良い危機となり、機会へ転じることも可能である。さらに一歩進めて、意図的に危機を生み出す戦略の可能性もある。ブランドに何らかの危機を直面させることによって、消費者のブランド・ロイヤルティを呼び起こしたり、消費者に感動を与えることができるかもしれない。一種のショック療法とも言える。

ヨネックスの米山稔会長は、「逆境は飛躍へのチャンス」と述べている。危機からの躍進を仕組みとして実現することは、新しい戦略の一つとして検討してみる価値がある。

6　危機への対応

良い危機であるか悪い危機であるかは、直面した時点では判断しにくい。しかも潜在的には良い危機であっても、対応を誤れば悪い危機へと変化してしまう。それだけに、多くのマーケターが、できれば危機を回避したいと考えても不思議ではない。だが、少なからず危機には直面してしまうものである。危機に直面したとき、マーケターにはどのような対応が求められるのだろうか。まず、タイレノールの事例を紹介し、ブランドの危機にどのように対応したのかを明らかにする。そのうえで、対応における「機敏性」「誠実性」「トップの関与」という三つのキーワードについて論じてみよう。

ジョンソン&ジョンソンの鎮痛剤「タイレノール」は、一九八二年一〇月初頭、深刻な危機に直面した。カプセルにシアン毒物が混入され、七名が死亡し約五〇名が体の不調を訴えた。タイレノールはジョンソン&ジョンソンの基幹ブランドで、売上高の八%、純利益高では一六%にも及んでいた（Keller, 1998）。事件の直後、精神異常者による無差別のテロ行為であり、シカゴ地域に限定されるであろうことが推測されたが、ブランドへの信頼は著しく傷ついてしまった。三七％という圧倒的な市場シェアは一瞬にして五％以下にまで落ち込み、「もはや復活はありえない」といった厳しい判断を下す専門家も少なくなかった。

危機に対するジョンソン＆ジョンソンの対応はきわめて迅速だった。まず、ジェームス・バーク会長は危機に対応するための戦略チームを結成した。そして、世界中の医薬品関係者に注意を促し、問い合わせを受けるために二四時間体制でフリーダイヤルを設置した。食品医療品管理局へ事件の説明をする一方、新聞や雑誌などで事件の事実関係を詳細に説明し、犯人の逮捕に一〇万ドルの賞金を支払うことまで申し出た。事件の翌週にあたる一〇月五日の週には、小売価格にして一億ドルに相当するすべての流通在庫三一〇〇万ボトルを回収した。全米で二万人を超えるセールスレップには、医者や小売店に出向かせ、会社がとっている対応策を明確に伝えさせた。年間予算が四〇〇〇万ドルにも上る広告は一時的に中止され、消費者へのコミュニケーションは記者会見だけに限定された。さらに、消費者の反応を把握するために、一〇〇〇人に対して定期的な調査を実施し、一九八二年一〇月からの三カ月間だけで一五〇万ドルの調査費をつぎこんだ。

一〇月一二日の週には、新聞広告を通じて、カプセル剤を錠剤に無料交換することを告知した。だが、この段階における消費者の反応はさっぱりだった。一〇月二四日には、テレビ広告を再開し、会社として製品の安全性を貫くことと錠剤タイプを利用してほしいことを訴えた。一一月一一日、バーグ会長自らがテレビ出演し、一新された安全性の高いパッケージについて説明し、カプセル・タイプの製品を再び市場へ送り出すことを宣言した。一一月二八日、日曜版の新聞を利用して額面二ドル五〇セントのクーポン六〇〇〇万枚を配布した。これは、プロモーション史上に残る大規模なものだった。翌週の日曜日にも、再び二〇〇〇万枚のクーポンが配布された。一二月に入ると、次第に努力が実りはじめた。一二月末までに約三〇%のクーポンが償還され、一九八三年二月には、通常のテレビ広告を行い、危機前とほぼ同水準にまで市場シェアを回復させることに成功した。

今日、タイレノールは一〇億ドルのブランドへと成長し、風邪薬や咳止めにまでブランド拡張されている。鎮痛剤市場では二位以下のブランドに圧倒的な差をつけ、強力な市場リーダーとなっている。シアン毒物事件という危機を乗り越えていなければ、ジョンソン&ジョンソンはタイレノールという大きなブランド資産を失っていたのである。

●機敏な対応

ブランドの危機に直面したとき、対応までの時間が長ければ長いほど、消費者はマイナスの印象を形成しやすい。マスコミによるネガティブな報道やさまざまな噂が駆け巡るとともに、危機に直面しているブランドを「もともと好きではなかった」「自分には向かないブランドだ」などと結論づけてしまう消費者も増えはじめるからである。こうした状況が生じてしまうと、競合ブランドへスイッチしてしまい、再び自社ブランドへ戻る確率は低くなる。

ミネラルウォーターで知られる「ペリエ」が、危機に直面したときの対応をみてみよう。一九九〇年二月、同社の製品から基準値を超える発癌性物質ベンゼンが発見された（Keller, 1998）。そのため、生産の一時停止と店頭在庫のリコールが余儀なくされた。ところが、この危機に対するペリエの対応は、あまりにも機敏性に欠けていた。「なぜベンゼンが混入してしまったのか」という説明がなされるまでに数週間が経過し、いたずらに混乱と懐疑心を招いてしまった。約三カ月後、再び店頭にペリエが並び、華々しい広告活動とプロモーション活動が展開されたが、失った市場シェアを回復することはできなかった。多くの消費者は「サラトガ」「ラクロワ」「サン・ペレグリノ」といった競合ブランドへスイッチし、再びペリエに戻ることはなかった。ペリエの対応とタイレノールの対応を比較してみると、危機に対する二つのブランドの違いは機敏性という点で歴然としている。タイレノールでは、事件後数日のうちに次々と対応策が講じられた。しかも、それらの対応策は周囲の人々の目に映るわかりやすいものだった。

一九五七年に発売された人工レモン果汁「ポッカレモン」が危機に直面したときの対応も迅速

だった。当時、レモンの輸入は制限されていたこともあり、ポッカレモンはカクテル、フライ、ドレッシング、紅茶など、さまざまな場面で消費されていた。ところが、人工果汁であるにもかかわらず「レモン果汁」というラベルは消費者に誤解を与えるとして、公正取引委員会がクレームをつけた。すでに六四年にレモンの輸入自由化が実現し、レモン価格が下がっていたこともあり、ポッカレモンの売上は激減した。ポッカコーポレーションは、ポッカレモンのブランド力が失われる前にレモン果汁一〇〇％の新タイプをわずか数カ月で導入し、ブランド力を存続させることに成功した。機敏な対応をとることにより、ネガティブな報道や望ましくない噂を最低限に抑えることができ、また、競合他社に付け入る隙を与えずにすむ。対応における機敏性は、事故や苦情などの危機において最も重要なのである。

●誠実な対応

ブランドの危機に直面したとき、機敏に対応するだけでは十分とは言えない。対応には誠実さが伴わなければならない。危機を解決するためには、あらゆる努力を惜しまず、コトの重大さを正しく顧客に告知する必要がある。企業によるこうした対応に不快なイメージを有する顧客はまずいないだろう。

ベビーフードで知られる「ガーバー」は、きわめて強いブランドの信頼性を確立していた。ところが、製品内にガラス片が発見されるという危機が発生してしまった。同社は生産工程に何ら問題のないことを明らかにし、懸命に信頼回復に努めたが、製品を店頭から回収しようとはしなかった。確かに、店頭の製品はガラス片の事故とは無関係であるかもしれないが、消費者の受け止め方は異なっていた。ガーバーの対応に誠実さを感じなかったのである。数ヵ月のうちに、七割に近かった同社の市場シェアは五割にまで低下してしまった（Alsop, 1989）。店頭から製品を回収しなかったという事実が、「配慮に劣る会社」という烙印を押させてしまったのである。

ガーバーの対応とタイレノールの対応を比較してみると、誠実性という点で歴然とした違いがある。タイレノールでは、事件の事実関係を隠さず明らかにし、安全と思われる事件区域以外の製品まですべて回収した。誠実な対応をとることにより、マスコミ、取引業者、そして何よりも消費者から好意的な感情を得ることができる。

米国の税金計算ソフト「インテュイット」にバグが発見されたときの対応も、誠実さに満ちていた（Foust, 1995）。スコット・クック会長は、ただちに一九九五年版の税金計算ソフトにバグがあることを発表し、一六〇万人を超える顧客に謝罪の手紙を送った。そして、修正された交換ディスクを配布し、希望があれば返金にも応じた。それだけではない。修正版ソフトを誰もがコピーできるように、一定期間、主要なオンライン・サービスに掲載した。ブランドと消費者との関係は、ある種の契約や協定であるという考え方が主流となりつつある。とすれば、ブランドの危機における対応の誠実性は、今後ますます重要さを増すものと考えられる。

●トップの関与

危機を受ける対象が企業ではなくブランドであったとしても、危機への対応は経営陣が責任を持たなければならない。トップの陣頭指揮があってはじめて、迅速で誠意をもった対応が可能になる。そのためには、各方面へ伝令係を配置するなど、さまざまな危機に関する情報がトップの耳にすばやく届く組織風土を築く必要がある。

一九八三年三月、バルディーズ号という「エクソン」の大型タンカーがアラスカ沖で座礁し、二五万バーレルの原油がアラスカ湾のプリンス・ウイリアム・サウンドに流出した（Keller, 1998）。この事故は世界中で注目され、船を所有するエクソンの対応が固唾を飲んで見守られた。ところが、エクソンのトップは事故の後、一週間ひたすら沈黙を守った。しかも、事故の現場に出向き、事故処理にあたったのは企業のトップではなかった。エクソンによる一連の対応により、「事故を軽視しているのではないか」「環境破壊の罪を感じていないのではないか」といった世論が高まった。対応のまずさに怒り、エクソンのクレジットカードを引き裂いてしまう消費者さえ現れた。事件一〇日後にして謝罪広告が打たれたが、エクソンのブランド・イメージの低下はもはや避けられない段階に達していた。

エクソンのケースは、米国のビジネス・スクールで危機への誤った対応として教材にもなっている。もちろん、事故現場がアラスカであり、情報を入手するためのインフラが不十分であったという不運はある。だが、エクソンのトップが、もっと積極的に危機への対応に関与していたならば、ブランド・イメージの低下を最小限にとどめることができたかもしれない。タイレノール事件における対応と比較してみると、エクソンの対応はトップの関与という点で大きく異なっていたことに気づく。

7　むすび

いかなる危機においても、機敏で、誠実で、しかもトップが関与した対応が求められるとは限らない。危機の性質によって、適切な対応は幾分異なるかもしれない。必要なのは、危機の本質を見極め、危機に立ち向かう組織力である。そして、危機が本当に発生する前に、危機感を組織内に生み出しておくことである。自社には関係がない、という思いをまず捨て去らなければならない。

今日の成功は決して永遠のものとは限らない。企業の業績が好調のときにこそ、危機感を生み出す必要がある。キヤノンの賀来龍三郎名誉会長は、「社員に危機感と高遠な理想を与えることがトップマネジメントの役割である」と述べている。危機に直面して、手遅れになる前に行動することの重要性を社員一人ひとりが認識しなくてはならない。常に既存の前提に疑問を持ち、組織内の緊張を高めておくことが必要なのである。そして、危機に対する意識を高めておくとともに、危機と強く結びついた社会的責任に対する意識を高めておくべきである。事故や失敗といった危機の出発点はネガティブであり、フィランソロピーやボランティア、コーズといった社会的責任の出発点はニュートラルであるという違いはあるが、危機への対応も社会的責任への対応も社会志向という点では共通している。

一九九四年一一月、インテルは同社の基幹製品である「ペンティアム」にバグが発見され、苦境に立たされた。約五億ドルを費やし回収処理を終え、創業以来最大とも言える危機を乗り越えたとき、同社のアンドリュー・グローブ会長は、一つのキーホルダーをすべての社員に配布した（長谷部、一九九八）。そこには、

Bad Companies are destroyed by crises;

Good Companies survive them;

Great Companies are improved by them.

という言葉が刻まれていた。真に優れた企業とは、危機を乗り越えるだけではない。それをバネにして飛躍できる企業なのである。もちろん、この言葉のなかの「企業」は「ブランド」に置き換えてもよいし、「危機」を「社会的責任」に置き換えてもよいかもしれない。社会志向のマーケティングは、コモディティ化が進む今日、すべての企業そしてすべてのブランドにとって最も重要な課題となりつつある。

◈参考文献

Alsop, Ronald（1989）“Enduring Brands Hold their Allure by Sticking Close to their Roots,” *Wall Street Journal Centennial Edition*, June 23, pp. B4-B5.

Bloom, Paul, Steve Hoeffler, Kevin Keller, and Carlos Basurto（2003）“Consumer Responses to Social and Commercial Sponsorship,” working paper.

Business for Social Responsibility（1999）“Introduction.”

Cone（1993/94）“The Cone/Roper Study: A Benchmark Survey of Consumer Awareness and Attitudes towards Cause Related marketing,” *Cone Communications*, 1993/94.

Foust, Dean (1995) "Good Instincts at Intuit," *Business Week*, March 27, p. 38.

Geus, Arie de (1997) *The Living Company*, Harvard Business Press（堀出一郎訳『リビングカンパニー——千年企業への道』日経ＢＰ社、一九九七年）.

長谷部洋子（一九九八）「インテル、世界共通の企業戦略を推進」『GAISHI』一二、一月合併号、三八-四一頁。

Hess, David, Nikolai Rogovsky, and Thomas W. Dunfee (2002) "The Next Wave of Corporate Community Involvement: Corporate Social Initiatives," *California Management Review*, Vol. 44, No. 2, pp. 110-125.

イオン（二〇〇五）『イオン環境・社会報告書２００５』イオン環境・社会報告書編集委員会。

Keller, Kevin Lane (1998) *Strategic Brand Management: Building, Measuring, and Managing Brand Equity*, Prentice-Hall（恩蔵直人・亀井昭宏訳『戦略的ブランドマネジメント』東急エージェンシー出版部）.

国土交通省ホームページ（二〇〇七）「自動車交通局技術安全部審査課、公開資料」。

Kotler, Philip and Nancy Lee (2005) *Corporate Social Responsibility: Doing the Most Good for Your Company and Your Cause*, John Wiley & Sons（恩蔵直人研究室訳『企業の社会的責任とマーケティング』東洋経済新報社、二〇〇七年）.

Luce, R. Duncan (1959) *Individual Choice Behavior: A Theoretical Analysis*, John Wiley & Sons.

Murphy, Dallas (1997) *The First Forward MBA in Marketing*, John Wiley & Sons（嶋口充輝監訳『MBAのマーケティング』日本経済新聞社、一九九七年）.

日経ビジネス編（一九八四）『会社の寿命』日本経済新聞社。

恩蔵直人（一九九八）「危機を乗り越えるマーケティング」『企業診断』第四五巻、第四号、二九-三六頁。

恩蔵直人（二〇〇七）「企業の社会的責任——マーケティング戦略からみた可能性」『ビジネスインパク

ト』第一三号、一六-一九頁。

Perry, Lee Tom (1990) *Offensive Strategy: Forging a New Competitiveness in the Fires of Head-to-head Competition*, Harper Business（恩蔵直人・石塚浩訳『攻撃戦略――競争の試練で企業力を鍛える経営』ダイヤモンド社、一九九三年）.

Smith, N. Craig, Robert J. Thomas, and John A. Quelch (1996) "A Strategic Approach to Managing Product Recalls," *Harvard Business Review*, Sep.-Oct., pp. 102-112（飯岡美紀訳「製品リコールの戦略的マネジメント」『DIAMONDハーバード・ビジネス・レビュー』一九九七年五月号、八四-九五頁）.

Spector, Robert and Patrick D. McCarthy (1995) *The Nordstrom Way: The Inside Story of America's Number 1 Customer Service Company*, John Wiley & Sons（山中鏆監訳『ノードストローム・ウェイ――絶対にノーとは言わない百貨店』日本経済新聞社、一九九六年）.

Winters, Patricia (1989) "For New Coke, What Price Success?" *Advertising Age*, March 20, pp. s1-s2.

第8章 マーケティングにおける利益志向

1 はじめに

ビジネスの世界では長い間、成長を追求し、市場シェアを拡大すべきであることが強調されてきた。大きな市場シェアを獲得すれば、規模の経済性や経験効果などにより、利益が後からついてきたからである。市場シェアの拡大が成功の基本条件となっていたため、成長によって企業はほとんど例外なく利益を生み出すことができた。

実際、一九七〇年代に米国で行われた分析によると、市場シェアと利益との間には強いプラスの相関関係が確認されている。これは膨大なデータベースに基づくPIMSと呼ばれる研究プロジェクトの結果である。平均すると、市場シェアにおける一〇ポイントの上昇が、税引き前の投資収益率における五ポイントの上昇に結びつく（Schoeffler et al., 1974）。こうした分析結果を受けて、競争地位別の戦略にしてもポートフォリオ戦略にしても、従来のマーケティング論理の多くは市場シェアを基盤として構築されてきた。

ところが一九九〇年以降、状況は一変する。IBM、DEC、GM、ユナイテッド・エアラインズ、コダック、Kマートなどの企業を思い起こしてほしい。これらの企業は、いずれも業界でトップクラスの市場シェアを占めていた。しかし、収益性が落ち込みはじめたとき、市場シェアにおける地位によって、こうした企業が報われることはなかった。八〇年以降における市場シェア・リーダーの株式時価総額（市場価値）をみると、年平均成長率が七％にとどまっており、緩やかな伸びを示している。S&P五〇〇社の市場価値でも年平均成長率は一一％であり、驚くほどの伸びとは言えない。投資家たちは、市場シェアの大きさだけで、もはや高い評価を与えなくなっているのである。

一方、ディズニー、GE、インテル、コカ・コーラ、スウォッチ、マイクロソフト、サーモエレクトロンなど、市場シェア偏重のマーケティングを見直し、利益を志向する新しいマーケティングを実践している企業の市場価値は、年平均成長率が二四％という驚異的な伸びを示している(Slywotzky and Morrison, 1997)。

わが国においても状況は似ている。市場シェアにおいて上位に位置していながら、企業買収価値においては大幅に減少させている企業が少なくないからである。日本経済新聞社は、銀行、証券、保険を除く東証第一部上場企業を対象として、株式の時価総額と有利子負債の合計を「企業買収価値」として算出した。表8-1は、二〇〇一年と〇六年の企業買収価値を比較したときの、増加額と減少額の大きかった上位一〇社をランキングしたものである（日本経済新聞、二〇〇六）。

一四兆円以上もの企業買収価値の減少を経験したNTTドコモをはじめ、約六兆円減のNTTや二兆八〇〇〇万円減のソニーなどは、規制緩和による競争激化やアジア企業の台頭などに直面したこともあるが、既存の市場シェアの大きさによって報われることはなかった。富士通、東京電力、日立製作所なども、市場シェア上位企業であるにもかかわらず、企業買収価値では約一兆九〇〇〇億円減少している。一方、環境問題への関心が高まるなか、ハイブリッド技術でリードしているトヨタ自動車は一二兆円以上もの増加を実現した。日産自動車、ヤフー、ホンダ、オリックス、キヤノンなども、市場シェアの追求というよりも、利益を前提としたビジネスの舵取りにより、企業価値を増加させてきたと考えることができる。

消費財市場に限らず、今日では生産財市場やサービス市場においてもコモディティ化が進んで

表 8-1　企業買収価値の増減

（単位：億円）

	増加額	企業買収価値
1．トヨタ自動車	122,898	336,097
2．日産自動車	50,365	110,113
3．ヤフー	37,182	43,404
4．ホンダ	33,761	99,162
5．オリックス	29,585	76,588
6．三菱商事	27,178	83,136
7．ソフトバンク	25,500	45,457
8．キヤノン	22,700	61,641
9．日本たばこ産業	20,945	43,566
10．三井物産	20,493	67,408
	減少額	企業買収価値
1．ＮＴＴドコモ	▲143,843	89,373
2．ＮＴＴ	▲ 59,941	131,402
3．ソニー	▲ 28,042	65,601
4．ＮＥＣ	▲ 23,598	26,172
5．富士通	▲ 19,540	29,841
6．東京電力	▲ 19,325	118,108
7．日立製作所	▲ 19,050	51,762
8．ダイエー	▲ 12,295	14,666
9．三洋電機	▲ 10,350	15,843
10．東芝	▲ 10,246	31,193

（出所）　日本経済新聞（2006）。

いる。市場シェアを中心として機能してきた優位性の喪失は、コモディティ化の進展も原因の一つになっているものと思われる。本章では、従来のマーケティングの論理的基盤となっていた市場シェア追求の問題点や限界について検討し、非プロフィット・ゾーンとプロフィット・ゾーンという考え方を取り上げながら、ダイレクトに利益を追求する利益志向のマーケティング論理について考察してみたい。

2　非プロフィット・ゾーン

非プロフィット・ゾーンとは，企業の資金を吸い込むだけで何の利益ももたらさない経済活動領域であり，ビジネス界のブラックホールにたとえられる（Slywotzky and Morrison, 1997）。収益性の悪化しているビジネスは非プロフィット・ゾーンに陥っていると言えるが，ビジネスの全体ではなく特定部分だけが非プロフィット・ゾーンとなっている場合もある。今日，非プロフィット・ゾーンは，さまざまなビジネスの至る所に存在している。

非プロフィット・ゾーンが存在していなければ，大きな市場シェアをとることの意義は大きい。市場シェアの増加が利益増へと結びつきやすいからである。ところが，非プロフィット・ゾーンが各所に散らばっていれば，そのゾーンだけを外して市場シェアを拡大することは困難である。どうしても，市場シェアの拡大とともに，非プロフィット・ゾーンをも取り込んでしまう危険性が高くなる。

市場はパイやケーキにたとえられることがあるが，非プロフィット・ゾーンはパイやケーキの内部の腐敗部分と考えてもらえばわかりやすいだろう。何の意識もせずに大きな取り分を確保すれば、どうしても腐敗部分が含まれてしまう。そこで、満足度（利益）をできる限り高めるためには、おいしい部分だけを切り取る方策（ビジネス・デザイン）が求められる。コモディティ化が進み、非プロフィット・ゾーンが発生しやすくなるという背景のなかで、利益志向のマーケティングは重要性を高めてきた。

●非プロフィット・ゾーンの発生理由

非プロフィット・ゾーンは、今日、なぜ増えているのだろうか。非プロフィット・ゾーンが発生する理由を、次の三つの点で整理してみた。

第一は、経営手法の高度化、グローバル競争の進展、情報技術の発達などによる一九九〇年代における競争スタイルの変化である。電子商取引を自在に使いこなす競争相手が突如参入してきたり、競争優位の源泉として機能していた経営資源が足かせとなり、それを保有することが突如として不経済になったりする。この新しいスタイルの競争は、競争のルールの変更を特徴としており、ハイパーコンペティションと呼ばれている（D'Aveni, 1994）。従来までの競争を量的なものと捉えれば、新しい競争は質的なものと言える。したがって、たった一社であっても、業界構造を根本的に覆えしてしまう可能性がある。ハイパーコンペティションのもとでは、在来企業のビジネス・モデルそのものが非プロフィット・ゾーンへと変化してしまうのである。

野村不動産アーバンネットは二〇〇五年、不動産業界において携帯電話を利用した新しいビジネス・モデル「ケータイノムコム」に乗り出した。それまで、不動産情報は企業側にほぼ独占されており、企業と顧客との間に存在する情報の非対称性が著しく大きかった。しかし、顧客は携帯電話によって新着情報やおすすめ情報を容易に入手できるようになり、また、野村不動産アーバンネットは時間に制約されることなく顧客との間で接点を生み出せるようになった。その結果、チラシ情報を中心とした営業活動から携帯情報を中心とした営業活動へと変化させ、顧客のニーズに合致した情報をタイムリーに提供できるようになった。また男性中心だった営業現場に女性が台頭しはじめ、取引件数で上位にランキングされる女性が現れはじめた。携帯電話を利用した同社のビジネス・モデルは、伝統的な不動産業界にとって大きな脅威となっている。

第二は、顧客の力の相対的な高まりである。ほとんどの顧客が各種情報へ容易にアクセスできるようになり、最も有利な条件と価格で取引できるようになった。そのため、情報を独占的に握っていた企業の力は相対的に低下し、自分の意志で情報を選択できる顧客の力が相対的に高まってきた。ネット上ではイーベイ（eBay）のように、企業ではなく顧客が価格を提示するビジネス・モデルが浸透している。もちろん、ここでいう顧客とは最終顧客だけではない。流通業者などの中間業者も含まれる。顧客が力を有するようになれば、売り手は思うような価格設定はできず、どうしても値引き方向への圧力が強くなるはずである。とすれば、流通段階や最終市場の至る所で、非プロフィット・ゾーンが発生しやすくなっているとしても不思議ではない。

第三は、市場導入された画期的な製品といえども、時間の経過とともにその多くはコモディティ化し、他社ブランドとの差別化が困難になっている点である。カーナビゲーションにしてもデジタルカメラにしても、競争の激化とともにブランド間の本質的な違いはほとんど確認できなくなっている。製品品質面での差別化が困難になると、これまではサービスによる差別化が追求されてきた。ところが、多くの企業が顧客満足向上の推進に取り組み（嶋口、一九九四）、ここ数年における各社のサービス内容は飛躍的に向上し、製品とともに提供されるサービスにおいてもコモディティ化が進んだ。製品や付随サービスにおける差別化が失われていくとともにプレミアム価格の実現は不可能となり、低価格を強調した競争へと突き進んでいく。多くの企業のビジネス活動で、利益は生まれ難くなっているのである。

今日、サービスにおける差別化が困難になってきたことにより、サービスに続く次なる経済価値として「経験価値」を指摘する論者も現れている（Pine and Gilmore, 1998）。彼らは、販売する相手が消費者であろうと企業であろうと、これからの競争の舞台は経験の演出であり、経験価値を生み出せない企業は競争から取り残されてしまうと指摘している。

●非プロフィット・ゾーンの発生箇所

先に述べたような環境の変化は、利益を生み出すことのない非プロフィット・ゾーンを産業界の至る所に発生させるとともに、市場シェアの効力を弱めている。とすれば、やみくもに市場シェアを追求することは、利益を生まないばかりか企業の存続をも危うくするかもしれない。そこで、非プロフィット・ゾーンの発生箇所について整理しておきたい。非プロフィット・ゾーンは、特定の顧客セグメント、特定の製品サービス領域、価値連鎖の一部分、さらには特定のビジネス・モデルであったりする。非プロフィット・ゾーンは、もちろん望ましい市場部分とは言えないが、第9章「マルチコンポーネント利益モデル」の項で論じられるように、他の市場部分との関係で収益性を無視してでも保有すべき性格のものもある。

特定の顧客セグメントから検討しよう。企業は製品やサービスを顧客に提供しているが、通常、そうした顧客は何らかの属性によって細分化することができる。すると、一部の顧客セグメントでは大きな利益を上げることができても、赤字であったりほとんど利益を上げられない顧客セグメントもある。

一般に、顧客セグメントは集団として捉えられるが、セグメンテーションを進めれば個の水準になり、特定の顧客が非プロフィット・ゾーンになることもある。たとえば、大手コンビニエンス・ストアのように、強力な交渉力を有する取引先はほかよりも厳しい条件を要求する可能性があり、納入業者からすると利益を上げにくい取引先と言える。事実、清涼飲料メーカーの販路には、コンビニエンス・ストアに加えて、ファーストフード店や自動販売機などが存在しているが、主な利益源となっているのはファーストフード店や自動販売機である。

次に、特定の製品サービス領域についてみてみよう。多くの場合、企業は一つのビジネスにおいて複数の製品サービスを提供している。そのなかには、利益に貢献する領域もあれば、ほとんど利益に貢献しない領域もある。たとえば、自動車ディーラーは、いくつかの製品サービスを提供している。一九九五年における米国自動車ディーラーの利益構造に注目すると、中古車販売が四八％で新車販売が六％となっている。残りの四六％は部品販売やサービスの提供であり、新車販売は非プロフィット・ゾーンとなっていることがわかる。もっとも、八五年における利益構造は九五年のそれと大きく異なっており、新車販売が七八％を占め、中古車販売は七％にすぎなかった（御立、一九九八）。わずか一〇年間で、プロフィット・ゾーンが非プロフィット・ゾーンへと変化していることに気づく。

価値連鎖における特定の一部分が非プロフィット・ゾーンに陥っていることもある。化粧品メーカーや家電メーカーなど、わが国の市場リーダー企業のいくつかは、部品調達、開発、生産、販売、物流といった機能を自社グループ内に取り込んできた。このような価値連鎖の川上から川下までを支配するビジネス・デザインは、長い間、他社を圧倒する強みとして働いた。ところが、販売機能の保有がグループ全体のコスト構造を悪化させるなど、利益を生み出さない価値連鎖の一部分が目立つようになっている。

こうしたなか、価値を生み出す部分だけに焦点を絞り込み、大成功を収める企業も増えている。たとえばデルコンピュータは、販売機能に焦点を絞り、部品調達や物流をアウトソーシングしている。いくつかの証券会社や保険会社も、価値連鎖における非プロフィット・ゾーンの存在に気づき、在来企業との差別化を図っている。多くの営業職員と支社支店の保有を見直した松井証券、通販による保険販売に特化した英国のダイレクトラインなどはその典型例と言える。

従来の価値連鎖を分解し、新たな価値連鎖を構築することの必要性は、デコンストラクションと呼ばれている（内田、一九九八）。デコンストラクションでは、価値連鎖の特定部分に特化したレイヤーマスター、ユーザーの側に立って購買情報を提供するパーソナル・エージェントなどの存在が指摘されている。デコンストラクション概念の登場は、価値連鎖における非プロフィット・ゾーンの増加を一つの前提としていると考えることができる。

最後は、特定のビジネス・モデルが非プロフィット・ゾーンとなる場合である。一九九〇年から九四年にかけて、米国航空業界は一三〇億ドルもの損失を被った。これは、ハブ空港方式と呼ばれるビジネス・モデルそのものに重大な問題があったからである。ハブ空港方式とは、拠点とする大規模な空港に周辺都市からいったん乗客を集め、そこから長距離便で運ぶという方式である。七八年における規制緩和以来、ほとんどの米国航空会社は、このハブ空港方式を採用してきた。

ハブ空港方式には、座席を満席にしやすいという長所がある反面、待ち合わせによる待機時間が長くなるなどの短所もある。こうした米国航空業界において、サウスウエスト航空は独自のビジネス・モデルを採用し続けている。同社はハブ空港方式にとらわれることなく短距離直行便に集中し、順調に利益を出し続けている。

3　市場シェアの知覚効果

市場シェア追求の限界は、消費者の知覚という視点からも理解できる（恩蔵、一九九九）。長い間、大きな市場シェアを有するブランドは相対的に高い品質である、という印象を消費者に抱かせると考えられてきた（Caminal and Vives, 1996）。これは市場シェアのシグナリング効果と呼ばれるもので、消費者が短期的に製品やサービスの品質を十分に評価できないという前提に立っている（Smallwood and Conlisk, 1979）。ポジティブな知覚効果に従えば、大きな市場シェアを有するブランドは、さらに多くの消費者を吸引することになる。

●ポジティブな知覚効果

混雑しているラーメン屋台と閑散としているラーメン屋台で考えてみよう。事前に何の情報も有していない消費者は、混雑している屋台のほうがおいしいであろうと考えやすい。これは、消費者が混雑していることをおいしさのシグナルと捉えるからである。ポジティブなシグナリング効果は広告コミュニケーションにおいても利用されてきており、われわれは市場シェアの高さを訴求した広告をしばしば目にすることができる。

ポジティブなシグナリング効果の発生は、ネットワーク外部性とバンドワゴン効果によって補強することができる。

ネットワーク外部性では、あるネットワークに参加するメンバーの数が増加するほど当該ネットワークの効用が高まることが説明されている（Katz and Shapiro, 1985）。加入者が多いネットワークと加入者が少ないネットワークとでは、より多くの加入相手に接続できるという理由から、前者のほうが大きな効用をもたらすというのである。

ここで言うネットワークとは、必ずしもケーブルや電線などによって結ばれている必要はない。

銀行のATM、ビデオソフトの規格、パソコンのソフトなどにおいても、ネットワーク外部性は発生する。ネットワーク外部性が意識されるような製品やサービスでは、利用者が多いほど高い効用が感じられるようになり、高い知覚品質へと結びつきやすい。

バンドワゴン効果とは、多数派となりそうな製品やサービスがより支持される傾向にあることを説明している。この効果は、他人との歩調を合わせようとしたり、流れに乗り遅れないようにする消費者の心理から生じる。注目書籍が加速度的に売れ出したり、行列のできる店舗が現れたりするなど、バンドワゴン効果は書籍やレストランなどの需要を説明するのに適している(Becker, 1991)。

バンドワゴン効果は、顧客側ばかりではなく供給業者側にも発生する。たとえば、後発企業の多くが標準や多数派になりそうな規格に相乗りする傾向は、供給業者側のバンドワゴン効果の現れである（山田、一九九三）。いずれにしても、バンドワゴン効果の存在は、大きな市場シェアをもたらす一つの要因となっている。

●ネガティブな知覚効果

市場や消費者の変化とともに、これまで述べてきた市場シェアのポジティブな効果とはまったく逆の効果が生まれつつある。市場シェアが知覚品質に及ぼすネガティブな効果は、いくつかの視点で解釈することができる。

まず、事前の期待水準の高まりという視点である（Boulding et al., 1993）。あるブランドの市場シェアが高まると知名度も高まり、消費者は消費以前により高い期待を抱くようになる。すると、品質面で何ら変化がなくても、消費者が実際に当該ブランドを消費して感じる品質は相対的に低下してしまうというのである。事実、米国における最近の研究結果によると、あるブランドが市場シェアを拡大すると、当該ブランドの知覚品質は低下していく。これは、ファーストフード・レストラン、ジーンズ、シリアル、歯磨き粉、ホテル、化粧品など二八製品カテゴリー内の八五ブランドを、五年間にわたり分析した結果である（Hellofs and Jacobson, 1999）。

似たような現象はわが国においても確認できる。ハーゲンダッツは高級アイスクリーム市場において圧倒的な強さを誇り、市場シェアは七割を超えるまでに至っていた。二〇〇一年から〇五年における成長率は、多くの競合他社が低迷するなか一〇八％に達している。ところが、主要顧客である二〇～三四歳の女性の間では、「一流である」「製品の質がよい」などのイメージが低下しており、市場シェアが伸びる一方で、プレミアム感は幾分失われてしまったのである。

消費者ニーズの多様化も、市場シェアのネガティブな効果を導きやすい。ニーズが一様であれば、主流に乗りたいと考える消費者は多いはずである。だが、ニーズが多様化している今日、市場シェアの増加が当該ブランドの購入を思いとどめさせ，他ブランドの購入を促進させても不思議ではない。消費者ニーズの多様化への対応策として，Porter (1980) は閉鎖性を強めることによる品質イメージのアップを指摘している。

ネットワーク外部性がポジティブではなく，むしろネガティブに働く状況も増えつつある (Gal-Or, 1993)。特定の製品やサービスが過度に使用されると，ユーザーが得る効用は低下してしまう。たとえば，ある電話サービスやある規格のレンタルビデオの利用者があまりにも増加すると，待ち時間が長くなるなどして，受けるサービスが低下してしまうことを思い出してほしい。限界点を超えると，市場シェアの増大はネットワーク外部性を通じて不利に働く可能性がある。

市場シェアの拡大は，顧客満足を低下させてしまうという指摘もある。企業の市場シェアが拡大するほど，当該企業の製品やサービスに対する顧客満足は低下するというのである。顧客満足の低下傾向は，異質な特性を有するブランドにおいてとくに顕著となる (Fornell, 1995)。一般に，小さなニッチ・ブランドのほうが同質的なセグメントをターゲットとしているので，大きな市場シェアを有し，広いセグメントをターゲットとするブランドよりも大きな満足度を実現しやすい (Griffin and Hauser, 1993)。その反面，ピンポイントで顧客満足を満たしているので，焦点がぼやけることとの反動は大きいものと思われる。

これまで述べてきたネガティブな効果は，市場シェア偏重の危険性を示唆している。知覚品質や顧客満足が低下すれば、やがては経済的成果も低下する可能性が高いからである。一九七〇年代におけるPIMSの発見とは、明らかに異なるインプリケーションが導かれることになる。

4　プロフィット・ゾーン

プロフィット・ゾーンとは、企業が高い利益を獲得できる経済活動領域を意味している。ここで言う高い利益とは、平均的な利益でもなければ、平均よりも幾分高い利益でもない。また短期的な利益でもない。持続的かつ卓越した収益性で、企業に莫大な価値をもたらす領域のことである（Slywotzky and Morrison, 1997）。利益志向のマーケティングでは、いかにこのプロフィット・ゾーンへと接近できるかが鍵となる。

利益を追求しない企業などない。だが、利益が生じるメカニズムを正しく理解している企業は、決して多くはないはずである。従来のマーケティング環境においては、市場シェアをひたすら追求すればよく、利益が生じる背景や理由を深く掘り下げて考える必要がなかったからである。利益志向のマーケティングにおいても、決して市場シェアを否定していない。利益が生まれる領域で活動すればビジネスは成長し、やがて市場シェアは後からついてくる。つまり、利益志向のマーケティングを実行している企業のシェアは、自ずと大きくなるのである。新しいマーケティングでは、市場シェアは目標ではなく結果の一つになっている。

市場シェア偏重の伝統的マーケティングを見直し、自社に適した利益モデルを追求するためには、従来とは異なるマーケティング論理が求められる。利益志向のマーケティング論理では、「顧客の選択」「報酬の源泉」「顧客志向」という三つの点において見方を変える必要がある。

●顧客の選択

まず、顧客の選択から検討してみよう。利益志向のマーケティングでは、「誰を顧客から外すのか」という問題が、「誰を顧客にするのか」という問題よりも重要になりやすい。

伝統的マーケティングでは、さまざまな切り口で市場を細分化し、標的とするセグメントを規定してきた。そして、もし企業が成長を目指すのであれば、一定のセグメントに固執することなしに、新しいセグメントをターゲットとして加えていった。このプロセスで重視されるのは、取り込む発想である。特定セグメントにとどまっていては容易に成長できないため、成長を志向する企業は対象とすべき新たなセグメントを常に探し求めてきた。もちろん一部のマーケターによって、焦点を絞ることの重要性が指摘されてはいたが、絞り込みの圧力が成長の圧力を上回ることはまずなかった（Ries, 1996）。

ところがプロフィット・ゾーンは静止しておらず、常に変化している。新たな経済活動領域へ価値が移動すれば、企業が狙うべき顧客も変更されなければならない。そこには、捨て去るべき顧客も出てくる。傷んだパイをいくら獲得できたとしても、そこにうま味はない。利益志向のマーケティングでは、組織にとって最も困難で痛みを伴った意思決定である切り捨てる発想に乗り出すための準備が求められるのである。

インターネット株取引で有名な松井証券は、一九九〇年代の初頭から従来の営業スタイルの限界を感じ取り、営業マンと支店を減らし始め、電話による通信販売に切り替えていた。松井道夫社長はある講演会で、「私が社長として取り組んだ最初の仕事は、利益の上がっている支店の閉鎖だ」と語っている。松井証券は競合他社との関係で有利に競争できる顧客を選択し、そうではない顧客を切り捨てる発想で、伝統的な大手証券会社への挑戦を続けている。ヤマト運輸が宅配便事業に乗り出すべく、三越の配送事業を切り捨てたのも同じ発想によると言えるだろう。また近年では、ＩＢＭがソフトウェアやサービス部門へ経営資源を集中させるために、パソコン事業を聯想集団（レノボ・グループ）へ売却している（篠原、二〇〇四）。

図 8-1　システム経済性

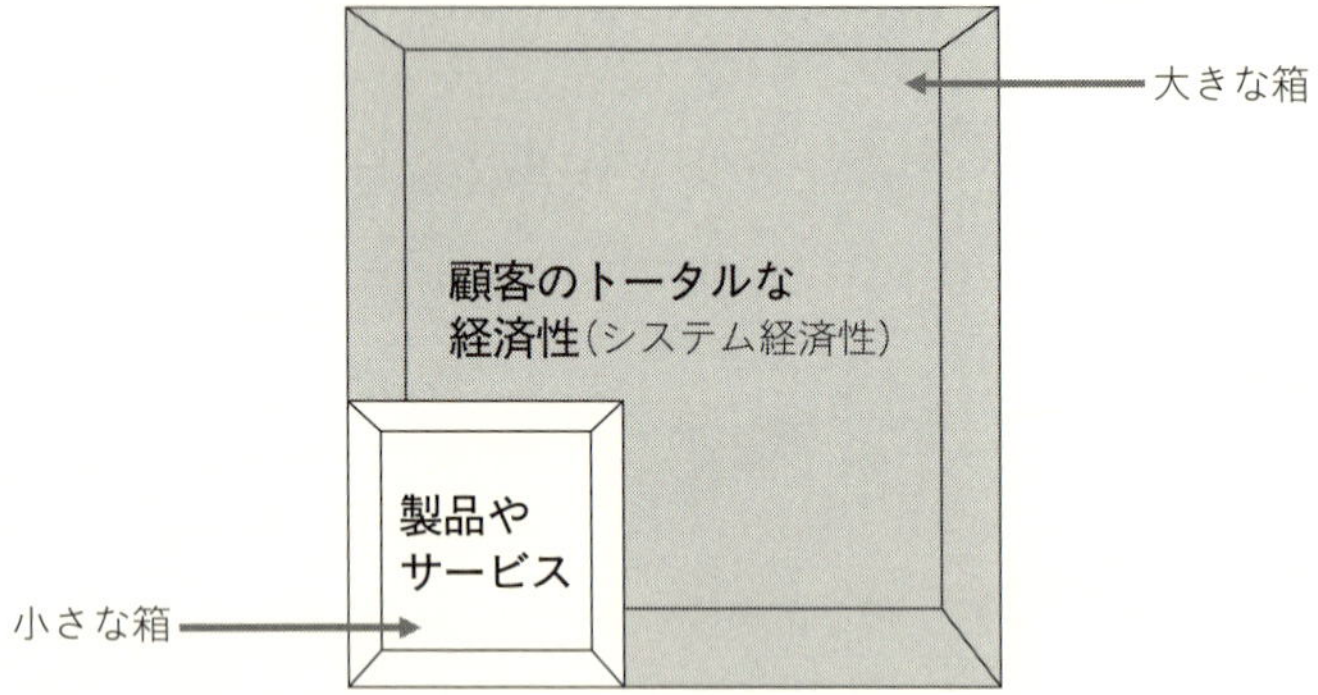

（出所）　Slywotzky and Morrison (1997), p. 26.

●報酬の源泉

次に、報酬の源泉について検討しよう。利益志向のマーケティングでは、多様な報酬獲得のメカニズムが必要とされる。製品やサービスの販売によって報酬を獲得してきた従来の企業とは異なり、ファイナンシング、付随製品、ソリューション、価値連鎖における川上や川下、ライセンシングなど多様な方法で顧客に価値を提供し、それによる報酬獲得のメカニズムを構築しなければならない。

報酬の源泉に対する見方を変更するうえで、システム経済性の概念が有効である。ある顧客のシステム経済性には、製品やサービスに支払われる総額に加えて、利用し、保管し、処分するためのコスト、購買取引や利用のために費やされる時間、そして全プロセスを通じて必要な手間が含まれる（Slywotzky and Morrison, 1997)。つまり、顧客が製品やサービスを購入し使用するためのコストとは、金額、時間、そして手間を加えて解釈すべきことになる。

システム経済性の概念は、供給業者に新しい視点をもたらしてくれる（図８－１）。小さな箱ではなく、供給業者は顧客のトータルな経済性である大きな箱を狙って供給内容を再構築することになる。たとえば、ディズニーはテーマパーク経営という単なるサービスの提供ではなく、家族のバケーションに必要なすべて、つまりソリューションを提供していると考えるべきである。オーランドのウォルト・ディズニー・ワールドに行くと、パークはもちろん、ホテル、ギフトショップ、そしてレストランをもディズニーが提供している。ディズニーは顧客に楽しい体験を与え、バケーション支出の大半を獲得し大きな利益獲得を実現している。

事務様式書類におけるリーダー企業であるトッパン・フォームズは、ある宅配便会社に対して筒型伝票の導入を提案した（石井・恩蔵、二〇〇七）。その宅配便業者は配送物の追跡管理をしており、各拠点で控えの伝票を残しておく必要があった。そのためビニールの封筒のなかに数枚の伝票を重ねて入れていたが、それだと控え伝票を取り出し難く、伝票がバラバラになって脱落してしまうこともあった。控え伝票の煩雑さは、配送物の追跡管理を実施するうえで一つのネックとなっていた。ところが筒型伝票が導入されたことにより、各拠点で封筒のなかに差し込まれている控えを順番に抜いていけばよく、作業現場での効率は飛躍的に向上した。新たに導入された筒型伝票は従来の伝票よりもコスト増（小さな箱）ではあったが、全体としての追跡管理を実施するというコスト（大きな箱）を著しく引き下げることに貢献した。

●顧客志向

最後に、顧客志向について言及しておこう。顧客志向とは、今日のビジネス界で最も頻繁に用いられる言葉の一つとなっている。ところが、真の顧客志向がどれだけ貫かれているかとなると疑問である。たとえば、頻繁に実施されている顧客満足調査は昨日のビジネス・モデルに基づく評価であり、重要であることに違いはないが後ろ向きの視点と言える。

顧客ニーズの把握が強調されることも多いが、顧客が自らのニーズをすべて語るとは限らない。顧客はさまざまなニーズを抱いており、語られるものもあれば語られにくいものもある。さらに、事前にはまったく気づいていない場合さえある。第5章では、顧客が語ることのできないニーズを「学習されるニーズ」として論じている。今日のように製品が市場に溢れており、たとえ技術革新が生まれていても一般の消費者が理解しにくいものであると、市場調査によって有効な新製品アイデアは導きにくくなる（恩蔵、一九九五）。

そこで、利益志向のマーケティングでは、真の顧客志向を実現するために、「伝統的な価値連

図8-2　価値連鎖の逆転

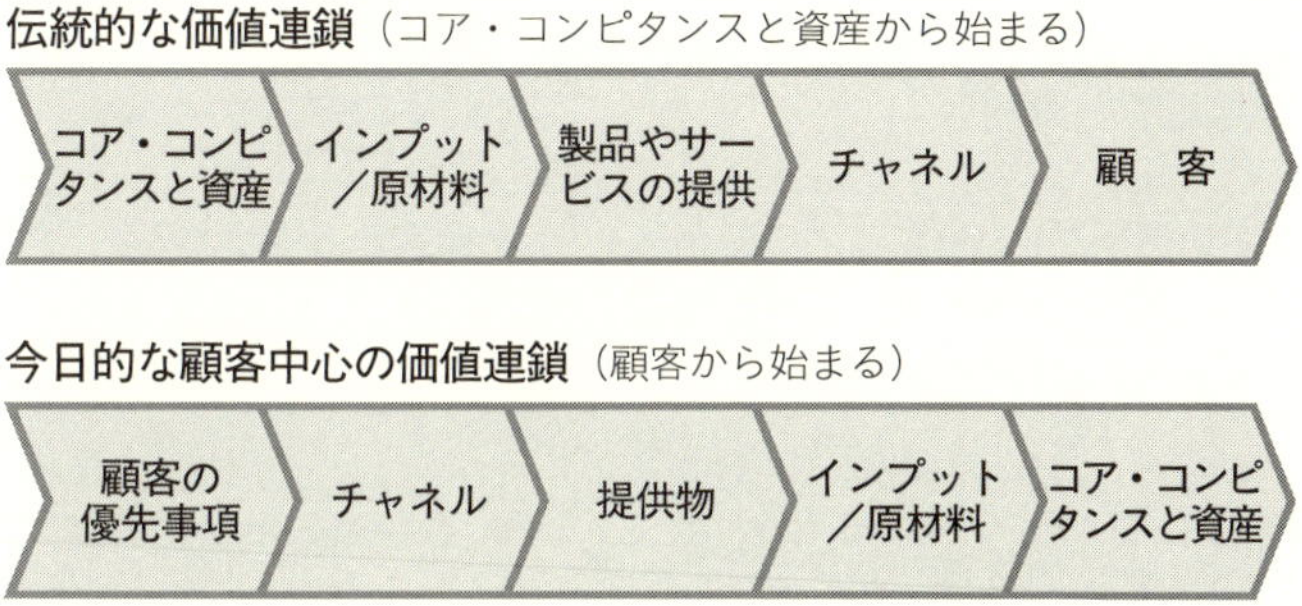

（出所）　Slywotzky and Morrison (1997), p. 20.

鎖の逆転」と「経営幹部の消費時間の再配分」が求められる（Slywotzky and Morrison, 1997）。伝統的な価値連鎖を逆転させることとは、企業のコア・コンピタンスと資産ではなく、顧客の優先事項から価値連鎖をスタートさせることを意味している。それによって、社内の思考プロセスを逆転させる必要がある。まず、顧客の優先事項を起点として、それを最も満足させることのできるチャネルが発見される。次に、そうしたチャネルに最も適した製品とサービスが規定される。最終的に、提供物である製品とサービスを生み出すための原材料が決められる。以上の関係は図8－2に示すことができる。

たとえば、パイオニアが二〇〇一年に売り出した第二世代「DVD楽ナビ」では、主たるターゲットである小学生以下の子供のいる家庭にとっての優先事項である価格を起点として開発が進められた（須永・恩蔵、二〇〇四）。前のモデルは二〇万円前後であったが、子どもに

表8-2　利益志向のマーケティング論理

	従来のマーケティング論理	利益志向のマーケティング論理
競争状況	量的競争	質的競争(ハイパーコンペティション)
管理目標	市場シェア	利　益
顧客の選択	誰を顧客にするのか	誰を顧客から外すのか
報酬の源泉	製品とサービスの販売	システム経済性，ソリューション
顧客志向	顧客満足調査，ニーズ把握	価値連鎖の逆転，幹部の時間再配分

お金がかかる家庭をターゲットとしたことを念頭に置き、一五万八〇〇〇円という価格がまず設定されたのである。そのため、当時のカーナビゲーションで主流となっていた七インチ型モニターではなく、あえて一回り小さな六・五インチ型モニターを採用した。狙った消費者を引きつけることのできる一五万円前後という販売価格を実現するためである。第二世代DVD楽ナビの開発プロセスでは、価値連鎖の流れが明らかに逆転している。

真の顧客志向を実現するためには、経営幹部の消費時間を再配分することも必要である。米国での調査によると、経営幹部の時間の約七割が社内に向けて費やされている（Slywotzky and Morrison, 1997）。残りの三割の大半は、供給業者、証券アナリスト、ジャーナリスト、各種委員会などへの時間に費やされる。とすれば、顧客との間で費やされる時間は、ほんのわずかしか残っていない。そこで、社内に費やされる時間と社外に費やされる時間の配分を逆にし、大半を社外の顧客に向けることになれば、顧客の優先事項がもっと正しく読みとれるようになるはずである。実際、GEのジャック・ウェルチは、顧客との共有時間を非常に重視し顧客志向を実現した。

以上より，市場シェアを重視するマーケティング論理と利益志向のマーケティング論理とを比較すると，表8-2のように整理することができる。

5　むすび

市場シェア重視のマーケティング論理の限界を整理し，利益志向という新しいマーケティング論理について論じてきた。その際，鍵となるのがプロフィット・ゾーンの考え方である。新しいマーケティングでは，自社のプロフィット・ゾーンを明確化し，そこを起点としてビジネスをデザインし，個別戦略を策定していかなければならない。後から利益がもたらされると期待して市場シェア拡大戦略を展開する従来のマーケティング論理とは，明らかに異なるマーケティング論理であることがわかる。

プロフィット・ゾーン論者の間では，さまざまな利益モデルが用意されている（Slywotzky and Morrison, 1997）。インストールベース利益モデル，ソリューション利益モデル，マルチプル利益モデル，マルチコンポーネント利益モデルなどである。これらの利益モデルは，利益志向のマーケティング論理が単なる概念上の変化ではなく、実務界における現実を説明していることを示している。利益モデルについては、次章で論じることにしよう。

プロフィット・ゾーンは絶えず動いている。プロフィット・ゾーンの中心に位置する企業であっても、数年ごとに自社のビジネス・デザインを再構築しなければ、短時間で非プロフィット・ゾーンへと陥ってしまう。新しいマーケティング論理のもとでは、製品やサービスを革新させるだけではなく、ビジネス・デザインをも革新させ続ける必要がある。

◆参考文献

Anderson, Eugene W., Claes Fornell, and Donald R. Lehmann (1994) "Customer Satisfaction, Market Share, and Profitability: Findings from Sweden," *Journal of Marketing*, Vol. 58, No. 3, pp. 53–66.

Becker, Gary S. (1991) "A Note on Restaurant Pricing and Other Examples of Social Influences on Price," *Journal of Political Economy*, Vol. 99, No. 5, pp. 1109–1116.

Boulding, William, Ajay Kalra, Richard Staelin, and Valarie A. Zeithaml (1993) "A Dynamic Process Model of Service Quality: From Expectations to Behavioral Intentions," *Journal of Marketing Research*, Vol. 30, No. 1, pp. 7–27.

Caminal, Ramon and Xavier Vives (1996) "Why Market Shares Matter: An Information-Based Theory," *Rand Journal of Economics*, Vol. 27, No. 2, pp. 221–239.

D'Aveni Richard A. (1994) *Hypercompetition: Managing the Dynamics of Strategic Maneuvering*, Free

Press.
Fornell, Claes (1995) "The Quality of Economic Output: Empirical Generations about its Distribution and Relationship to Market Share," *Marketing Science*, Vol. 14, No. 3, Part 2 of 2, pp. G203-G211.
Gadiesh, Orit and James L. Gilbert (1998) "Profit Pools: A Fresh Look at Strategy," *Harvard Business Review*, Vol. 76, No. 3, pp. 139-147（森本博行訳「事業再構築への収益構造分析――プロフィット・プール」『DIAMONDハーバード・ビジネス・レビュー』一九九八年一一月号、一二四-一三四頁）.
Gal-Or, Esther (1993) "Strategic Cost Allocation," *The Journal of Industrial Economics*, Vol. 61, No. 4, pp. 387-402.
Griffin, Abbie and John R. Hauser (1993) "The Voice of the Customer," *Marketing Science*, Vol. 12, No. 1, pp. 1-27.
Hellofs, Linda L. and Robert Jacobson (1999) "Market Share and Customers' Perceptions of Quality: When Can Firms Grow Their Way to Higher versus Lower Quality," *Journal of Marketing*, Vol. 63, No. 1, pp. 16-25.
石井裕明・恩蔵直人（二〇〇七）「トッパンフォームズによるソリューション事業――フォーム事業からＤＰＳ事業への展開」『マーケティング・ジャーナル』第一〇四号、七七-八九頁。
Katz, Michael L. and Carl Shapiro (1985) "Network Externalities, Competition, and Compatibility," *The American Economic Review*, Vol. 75, No. 3, pp. 424-440.
日本経済新聞（二〇〇六）「企業買収価値」『日本経済新聞』九月二三日付。
御立尚資（一九九八）「デコンストラクション：バリューチェーンの解体と再統合」『DIAMONDOハーバード・ビジネス・レビュー』一九九八年一一月号、一一〇-一二三頁。
篠原洋一（二〇〇四）「ＩＢＭ、サービスに軸足」『日本経済新聞』一二月八日付（夕刊）。
恩蔵直人（一九九五）『競争優位のブランド戦略――多次元化する成長力の源泉』日本経済新聞社。

恩蔵直人（一九九九）「利益志向のマーケティング論理」『商学研究科紀要』第四九号、一-一七頁。

Pine II, B. Joseph and James H. Gilmore (1998) "Welcome to the Experience Economy," *Harvard Business Review*, Vol. 76, No. 4, pp. 97-105（飯岡美紀訳「体験価値の創造をビジネスにする法」『DIAMONDハーバード・ビジネス・レビュー』一九九九年一月号、一九九九年、九-二〇頁）.

Porter, Michael E. (1980) *Competitive Strategy: Techniques for Analyzing Industries and Competitors*, Free Press（土岐坤ほか訳『競争の戦略』ダイヤモンド社、一九八二年）.

Ries, Al (1996) *Focus: The Future of Your Company Depends on it*, Harper Business（島田陽介訳『フォーカス――市場支配の絶対条件』ダイヤモンド社、一九九七年）.

Schoeffler, Sidney, Robert D. Buzzell, and Donald F. Heany, (1974) "Impact of Strategic Planning on Profit Performance," *Harvard Business Review*, Vol. 52, No. 2, pp. 137-145.

嶋口充輝（一九九四）『顧客満足型マーケティングの構図――新しい企業成長の論理を求めて』有斐閣。

Slywotzky, Adrian J. and David J. Morrison (1997) *The Profit Zone: How Strategic Business Design Will Lead You to Tomorrow's Profits*, Times Books（恩蔵直人・石塚浩訳『プロフィット・ゾーン経営戦略――真の利益中心型ビジネスへの革新』ダイヤモンド社、一九九九年）.

Smallwood, Dennis E. and John Conlisk (1979) "Product Quality in Markets Where Consumers are Imperfectly Informed," *Quarterly Journal of Economics*, Vol. 93, No. 1, pp. 1-23.

須永努・恩蔵直人（二〇〇四）「潜在需要の掘り起こしによる市場拡大――パイオニアのカーナビゲーション」『マーケティング・ジャーナル』第九一号、七六-八七頁。

内田和成（一九九八）『デコンストラクション経営革命――ビジネスの興廃を制する』日本能率協会マネジメントセンター。

山田英夫（一九九三）『競争優位の「規格」戦略――エレクトロニクス分野における規格の興亡』ダイヤモンド社。

第9章 新しい利益モデルの構築

1 はじめに

製品を販売することによって、その対価の一部を利益として得るというのが最もシンプルな利益モデルである。多くの製造業者は、この「ボックス販売」という利益モデルを採用してきており、もちろん今日でも最も一般的な利益モデルと言えるだろう。ところが、提供する製品市場においてコモディティ化が進むことにより、製品差別化が困難となり、価格競争はますます激しくなっている。いくつかの製品カテゴリーでは、価格だけが主たる競争軸となり、製品の販売によって得られる対価の減少によって、ほとんど利益を得ることができなくなっている。

このような状況にあって、一部の賢明な企業は新しい利益モデルの重要性を察知し、利益の確保につとめている。松下電工では、ランプを売るというボックス販売の発想から明るさを保つというソリューション提供の発想に転換し、「あかり安心サービス」と称する新しいビジネスに乗り出した。事業所に蛍光灯を売るのではなく、事業所の蛍光灯を適切な状態に維持するというサービスの提供である。このサービスによって事業所はマニフェストの発行や管理の必要がなくなり、排出者責任から解放される。顧客ニーズの本質を再定義して、新しいソリューションの提供によって顧客価値の創出に成功している（松下電工、二〇〇五）。

本章では、まず利益モデルの考え方を理解してもらうために、インストールベース、ソリューション、マルチプル、マルチコンポーネントという四つの利益モデルを紹介する。そのうえで、日立製作所によるＨＤＲＩＶＥの事例を取り上げ、コモディティ化した市場にあっても、マーケティング発想の転換により新しいビジネス展開が可能であることを示したい。コモディティ化によりボックス販売で行き詰まっている企業にとって、利益モデルの考え方は適切な利益を確保するうえで有効な指針となるはずである。

2　四つの利益モデル

●インストールベース利益モデル

特定の製品で十分な利益を得ることができなくても，それと結びついた別の製品やサービスによって大きな利益を得ようというのがインストールベース利益モデルである。たとえば，エレベータを一機販売すれば，大きな売上金額を上げることができるだろう。ところがエレベータ市場はコモディティ化が進み，価格競争が激しいため，売上高の大きさに比べると利益はそれほど大きくない。一方，エレベータは毎年数回の点検が義務づけられているとともに，人々の安全な生活にも直結しているために，点検に対するユーザー側の意識はきわめて高い。そこで多くのエレベータ・メーカーは，保守点検のための別会社を作り，保守点検というサービスの提供によって大きな利益を上げることに成功している。

価格戦略の一つにキャプティブ価格戦略がある。キャプティブとは本来，捕虜や虜《とりこ》という意味である。エレベータの本体はある種の捕虜や虜であり，その部分での価格は意図的に引き下げる。

しかし、本体という捕虜を確保することにより、その後の保守点検において十分な利益の見込める価格を設定しようとする考え方である。インストールベース利益モデルでは、キャプティブ価格戦略との連携が求められる。ポラロイド・カメラが本体価格を相対的に安く設定し、フィルムにおいて利益を上げようとしているのもインストールベース利益モデルの一つと考えてよい。インストールベース利益モデルは、エレベータとその保守点検、ジェットエンジンとその保守点検などの大型生産財においても、ひげ剃りの本体と替え刃、ポラロイド・カメラの本体とフィルム、浄水器の本体とカートリッジなどの消費財においても利用されている。

●ソリューション利益モデル

顧客が求めている本質的ニーズを明らかにして、そのニーズを解決することにより顧客価値を創造し、長期的な利益を獲得しようとする利益モデルである（図9-1）。顧客ニーズの明確化は、単純なようであるが実は奥が深い。表面的なニーズであれば、すでに多くの企業が対応しているはずであり、そうした顧客ニーズを満たすことは大きな満足には結びつかない。しかし、「顧客が求めているのはランプではなく明るさである」といった松下電工のように、顧客ニーズの本質を見据えることは、新しい価値を提供することに結びつきやすい。第5章で論じたように、

図 9-1　ソリューション利益モデルの考え方

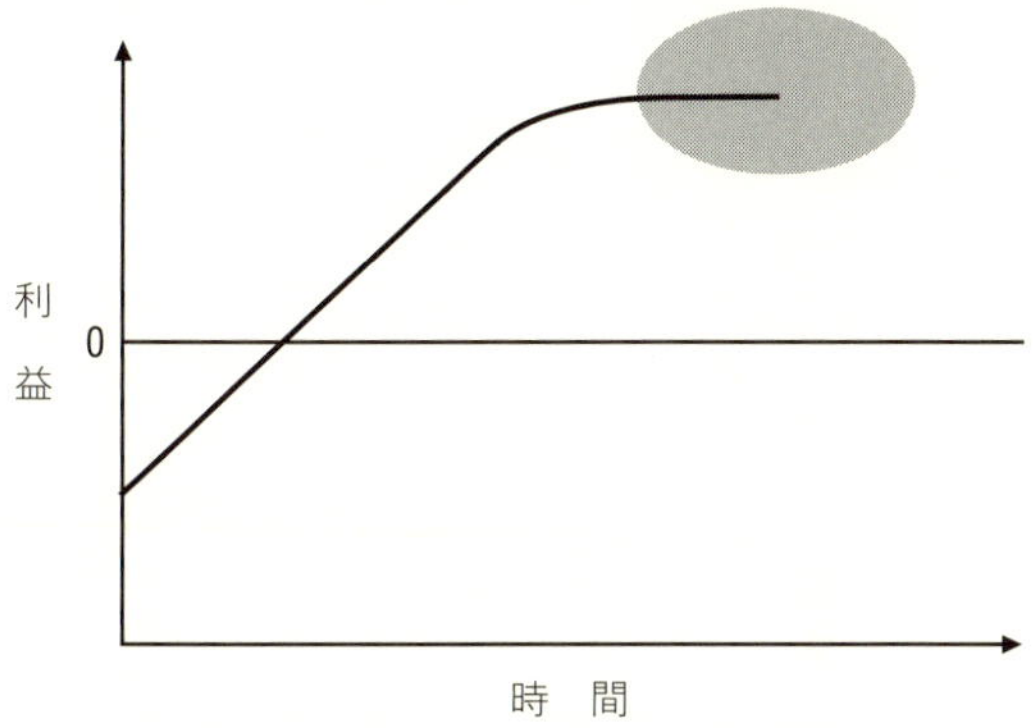

少なくとも顧客ニーズは、明言されるニーズ、真のニーズ、学習されるニーズに分けて捉えることができる。

したがって、ここで考えるニーズとは、他社が解決策を提供していないような深いニーズであったり、複合的で幅広いニーズであったりするため、それを解決するためにはある程度の投資を必要とする。つまり、短期的には赤字を覚悟して顧客へ解決策を提供し、その後、顧客との長期的な取引のもとで利益を回収していこうとする利益モデルである。

一九九二年に続き九九年と、二度にわたりマルコム・ボルドリッジ賞をサービス業として唯一受賞しているザ・リッツ・カールトン・ホテルは、卓越した顧客サービスを提供することにより、高い顧客満足とロイヤルティを実現している（小野、二〇〇四）。しかしながら、顧客との接点を短期的に捉えたならば、明らかにコスト増をもたらし、利益には結びついていない。

実際、同社の従業員には、二〇〇〇ドル相当までであれば独自判断による決済権が与えられており、顧客に生じたトラブルや顧客からのクレーム処理のために支出できる。たとえば、ザ・リッツ・カールトン大阪に宿泊した顧客が眼鏡を忘れた際、顧客から連絡を受けた従業員は、電話口の様子を察して、新幹線で東京まで眼鏡を届けに行った。同社のマニュアルによると、宿泊客の忘れ物は宅配便で届けることになっており、東京まで持っていけば大きな支出であることはわかっている。だが、従業員は最善策であると考え、あえて東京まで運んだのである。感動するほどのサービスを受けた顧客は、特別な存在として扱われていると実感し、同社と顧客との間には強固な絆が構築される。こうした強い絆の蓄積が、やがては大きな利益をもたらしてくれるのである。

ザ・リッツ・カールトン・ホテルには、ほかにも感動を与えるような逸話で溢れている。ホテルに到着した顧客の自動車のナンバープレートを見ただけで、ドアマンはその顧客を名前で呼んで出迎える。ドアマンの手帳には、五〇〇名を超える顧客のナンバープレートが記載されているからである。ルームサービスで頼んだミネラルウォーターの銘柄が、次回宿泊するとあらかじめ冷蔵庫に入っている。そば殻の枕をリクエストしたら、次回の宿泊時にはベッドの上にそば殻の枕が備えられている。客室内の机の位置を窓側に変えておいたら、次回は部屋に入ると机が窓側に置かれている。ザ・リッツ・カールトン・ホテルでは、顧客からの要望がある前に従業員自らが気づき、対応することこそエクセレントなサービスであると位置づけている。顧客の発言はもちろんのこと、顧客との何気ない会話や客室の状況から、顧客の様子を把握し、接客サービスに反映させているのである。

圧力で接着する特殊用紙を利用したシーリングはがきPOSTEXで知られているトッパン・フォームズもソリューション利益モデルを展開している企業である（石井・恩蔵、二〇〇七）。輸送伝票、感熱フォーム、OCR、OMRなどの印刷を本業としているが、フォーム印刷の企画段階から顧客と接触し、独自の調査や分析に基づいた提案でビジネスを作り出している。今日では売上高の半分以上がソリューションの提供によってもたらされている。

●マルチプル利益モデル

いくつかの企業は、利益を生み出すうえでのキーコンポーネントを有している。そうしたキーコンポーネントを使い回すことにより大きな利益を得ることができる。キーコンポーネントを軸にビジネスを展開するという利益モデルは、マルチプル利益モデルと呼ぶことができる。

コモディティ化が進み醬油の値崩れに悩んでいたキッコーマンは、一九九〇年に「特選丸大豆しょうゆ」を市場導入した。丸大豆醬油とは、脱脂加工した大豆からつくられる醬油ではなく、戦前において中心的な製法であった「そのままの大豆」を利用してつくられる醬油のことを意味している。消費者にとっての明確な付加価値を生み出したキッコーマンは、特選丸大豆しょうゆを高価格帯の製品として位置づけることに成功した。そして何よりも、大きな利益を上げることに成功した。だが、キッコーマンの成功は単一製品にはとどまらなかった。特選丸大豆しょうゆをキーコンポーネントと見たキッコーマンは、特選丸大豆しょうゆを軸とした製品展開に乗り出した。つゆ、だし、ポン酢醬油、たれなど、醬油をベースとして生産していた同社の製品に特選丸大豆しょうゆを取り入れ、特選丸大豆しょうゆの成功を周辺製品へと波及させたのである（恩蔵、一九九七年）。

キーコンポーネントにはさまざまなものがなりうる。ディズニーの場合には、キャラクターが利益を生み出す鍵となっている。ミッキーやドナルドをはじめとして、ディズニーにはさまざまなキャラクターが用意されている。そうしたキャラクターは、パーク内で来園者に愛想をふりまき、映画やテレビに登場し、さまざまなグッズに印刷され、さらにはぬいぐるみとなって利益を生み出している。

ほかにも、一つの製品やサービスで成功を遂げたブランドを、別の製品やサービスに付与するといったブランド拡張も、マルチプル利益モデルの一つと考えてよいだろう。花王は一九九九年、体に脂肪がつきにくい効果を有する「エコナ」クッキングオイルを導入した。「エコナ」ブランドが消費者に定着すると、二〇〇一年にはコレステロールの吸収を抑える効果を加えた「エコナ」ヘルシー＆ヘルシークッキングオイルを加え、さらに「エコナ」ドレッシングソース、「エコナ」マヨネーズタイプへとブランド拡張に乗り出している。「ソフィーナ」も一九八二年の基礎化粧品一四品の導入からはじまり、八四年にはファンデーション、八六年には口紅、アイシャドウなどのポイントメイク、九二年にはスキンケア製品を導入し、その後も「オーブ」「レイシャス」など新しいサブ・ブランドの化粧品群や、「大人の毛穴ケア」などへブランド拡張を進展させている。

●マルチコンポーネント利益モデル

利益特性の異なるコンポーネントから構成されているビジネスでは、マルチコンポーネント利益モデルの考え方に従って、それぞれのコンポーネントからメリハリのある利益を上げている。このような場合、収益性の高いコンポーネントへの注力が利益を大きく左右する。たとえば、コカ・コーラのような炭酸飲料ビジネスにおける主たるコンポーネントには、量販店、ファウンテン（ファーストフード店などを通じての販売）、自動販売機がある。量販店での売上高は大きいが、コモディティ化によって価格競争が激しく大きな利益には結びつきにくい。一方、ファウンテンと自動販売機における収益性は高く，この両者においていかに優位に立てるかが，ビジネス全体としての利益を大きく左右する。コカ・コーラはファウンテンと自動販売機に力を入れ，炭酸飲料ビジネスにおいて大きな利益を上げてきた企業と言える。マクドナルドなどの有力ファーストフード店での販売を実現し，一〇〇万台を超える自動販売機を有しているからである。

マルチコンポーネント利益モデルで重要なのは，収益性が低いからといって，そのコンポーネントを安易に切り捨てるべきではないという点である。炭酸飲料ビジネスにとっての量販店は利益面では劣っているものの，量販店での売上高は無視できない大きさがある。ブランド力を構築するという点において，またコスト低下に結びつく経験効果を実現するという点において，量販店での販売は不可欠といえるからである。

マルチコンポーネント利益モデルは，ホテルなどのサービスにおいても活用されている。ホテル・ビジネスにおけるコンポーネントには，客室，宴会，そしてレストランなどがある。多くのホテルにとって，客室において高い収益性を上げることは難しいが，客室を軽視することはできない。客室の充実によって，ホテルとしてのステータス性やブランド力を構築できる。ホテルの高いブランド力があって，はじめて宴会やレストランが利益の源となるのである。

図9-2　４つの利益モデル

時間的ギャップ ＼ ビジネス要素間の独立性	高い	低い
あり	ソリューション利益モデル	インストールベース利益モデル
なし	マルチプル利益モデル	マルチコンポーネント利益モデル

3　利益モデルの類型化

以上、四つの利益モデルについて紹介した。もちろん利益モデルはこれだけではない。ほかにも多くの利益モデルが知られている（Slywotzky and Morrison, 1997）。とりわけ今日では、情報技術の発展により多様な利益モデルが生み出されるようになっている。ここでは、四つのモデルから、今後、新しい利益モデルを検討するうえで参考になると思われる軸について論じてみよう。

まず四つの利益モデルは、ビジネス要素間の主従関係の軸によって識別することができる。それぞれのビジネス要素が独立して個別ビジネスとして成立するか否かという軸である（図９－２）。インストールベース利益モデルやマルチコンポーネント利益モデルでは、それぞれのビジネス要素に強い結びつきがありビジネス要素間の独立性は低い。たとえば、ひげ剃り本体と替え刃を思い浮かべればすぐにわかるだろう。マルチコンポーネント利益モデルで取り上げた客室、レストラン、宴会場などの関係も強い結びつきがある。ところが、マルチプル利益モデルやソリューション利益モデルにおいては、それぞれのビジネス要素が独立しており、個別ビジネスとして成立しやすい。

もう一つは、利益を獲得するうえでの時間軸である。スタートさせてから比較的短期間で利益を生み出しやすいビジネスもあれば、ある程度の期間を経てから利益がもたらされるビジネスもある。つまり、時間的なギャップを伴って利益がもたらされるのか、時間的なギャップなく利益がもたらされるのかという軸である。すでに述べたように、ソリューション利益モデルでは顧客への奉仕とも呼べるニーズ対応が求められるので、当面は大きな利益を期待できない。しかしながら、深くて広い部分でのニーズを満たすことにより、顧客からの大きな満足を獲得し、長期にわたる取引関係を持続させるなかで利益がもたらされる。同じように、時間軸で考えるならば、インストールベース利益モデルでも、キャプティブ製品部分ではあえて損失を出してでも、フォローオン製品部分で利益が確保される。やはり、時間的なギャップが存在していると言えるだろう。一方、マルチプル利益モデルやマルチコンポーネント利益モデルでは、時間的なギャップなしに利益が追求される。

コモディティ化が進む今日、ボックス販売といった従来型の利益モデルに固執していては限界がある。利益モデルにおける上記のような関係を理解することにより、企業は自社が追求しやすい利益モデルの方向を浮かび上がらせることができる。

4　サービスに乗り出した日立製作所

日立製作所日立工場の小平台に、日立製作所の歴史的製品を展示する「創業小屋」がある。床面積わずか八〇平方メートル、ガラスのない窓にはカーテン代わりにキャラコ布がつるされている。日立製作所の創業者である小平浪平が働いていた掘立小屋を復元したもので、そこには一九一〇（明治四三）年の日立製作所創業期に完成した五馬力電動機が展示されている。見るからに重々しく、何の飾り気もない無骨な電動機のスイッチを押すと、一〇〇年近くを経た今でも見事に動く。戦前戦後を通じて、モノづくりで成長発展を遂げてきた日立製作所のまさに原点を見ることができる。

だが創業期の日立製作所に触れるとき、見落としてはならない点がある。それは、日立製作所という企業の前身が製造業ではなくサービス業としてスタートしている事実である。主たる業務は久原鉱業所日立鉱山から次々に運ばれてくる鉱山用変圧器とモーターの修理であり、最初の数年間は、意外にもモノづくりを業務としていたわけではなかった。この掘立小屋で陣頭指揮をとっていたのが三五歳の工作課長、若き日の小平浪平であった（加藤、一九八五）。

電気機器国産化の夢を学生時代から抱いていた小平浪平にとって、修理に明け暮れる日々は満足できるはずがなかった。ようやく完成させたのが五馬力電動機である。修理のかたわら故障原因や製作方法の研究を重ね、ようやく完成させたのが五馬力電動機である。以来、日立製作所はわが国の代表的な製造企業として今日に至っている。製造企業としての王道を歩んできた日立製作所は、コモディティ化という大きな市場の変化に直面して、再び創業期のようにサービスに目を向けはじめている。だがサービスといっても、輸送やレジャーや金融ではない。もちろん単純な修理やメンテナンスでもない。ソリューション・ビジネスと呼ばれる新しいタイプのサービスである。日立製作所の庄山悦彦社長（当時）は、「今こそ創業時のベンチャー精神に立ち返り、新しいサービス、新しいソリューション、新しいビジネス・モデルを創り出していく。そのことが企業としての存在価値を高めるのだと思います」と述べている（日立製作所、二〇〇四）。

次節で取り上げるHDRIVE（エイチドライブ）はその一つである。顧客にモノを購入してもらうのではなく、インバーター導入によって発生した省エネルギーを顧客価値とみなし、その価値の一部分を顧客から使用料として対価を得る、という仕組みである。頭のH（エイチ）という文字には、HITACHIのH（エイチ）とともに、人々の英知（エイチ）を集結させたビジネスであるという思いが込められている。この新しいビジネスは、一九九九年に米国においてビジネス・モデル特許を取得しており（国際特許取得 US PAT. 6775595）、わが国においてはビジネス特許審判請求中である。なお、「HDRIVE」は商標登録済みとなっている。

5　HDRIVEビジネス

HDRIVEとは、高効率モーター、高圧インバーター、監視システムなどの機器を顧客の工場に無料で提供し、その設備を運用することによって得られる省エネルギーのメリットを一定の割合で「HDRIVE使用料」として徴収する新しいソリューション・ビジネスである（日立製作所、二〇〇〇）。

従来からの製品販売ビジネスとは異なり、製品が有する省エネルギー効果をサービスの形で販売するというものである。似たようなビジネスとしてはリースが知られている。だが機器のリースとは異なり、工場設備の稼動状況に応じて実現した省エネルギー効果によるメリット分からの支払いとなるため、毎月の支払額は変動する。顧客側は、イニシャル・コストなしで新しい設備

図 9-3　HDRIVE ビジネスの仕組み

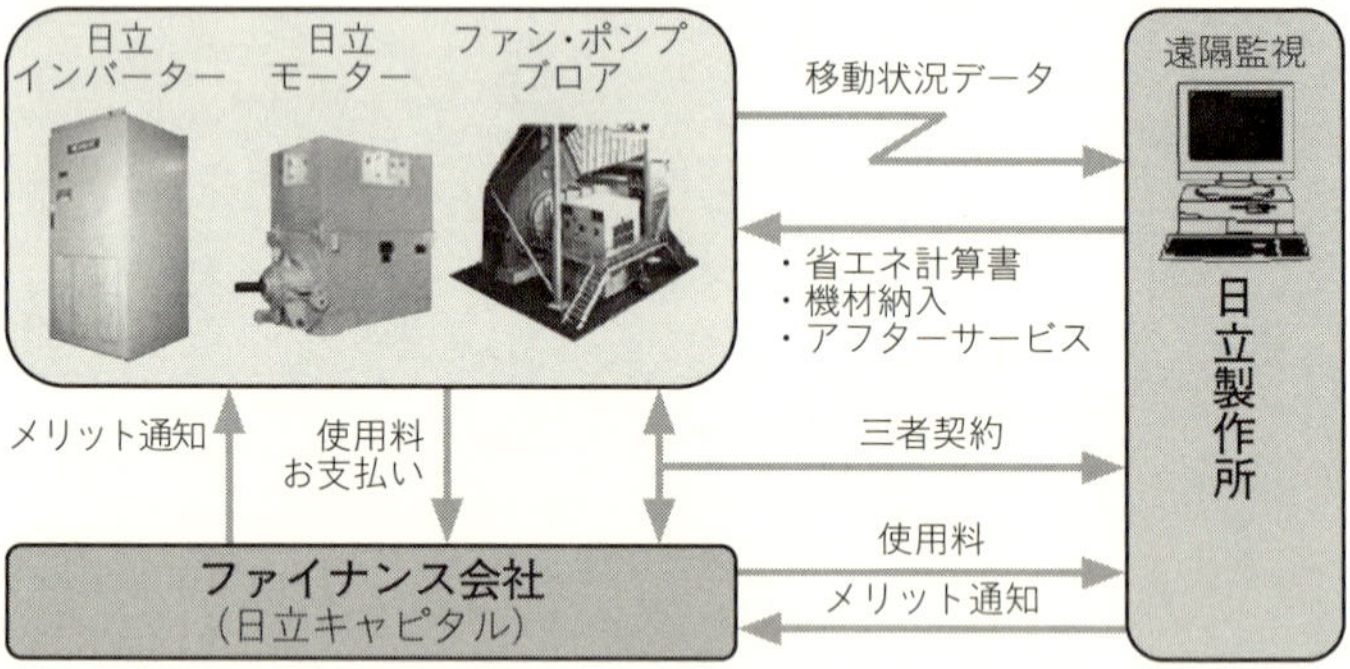

（出所）　日立製作所資料。

を導入することができ、しかも省エネルギーと経費削減を実現することができるわけである（図9-3）。

要するに、日立製作所が顧客の設備に新品の高圧モーターとインバーターをセットで投資し、顧客の工場において省エネルギーと経費削減の手伝いをするという仕組みである。また遠隔監視システムの導入とメンテナンスが使用料に含まれるため、工場側は保守メンテナンス要員を削減することもできる（藪谷、二〇〇三）。

●出発点はインバーターとモーター

HDRIVEビジネスの出発点はAVAFインバーターである。AVAFとはAdjustable Voltage Adjustable Frequencyの略であり、可変電圧・可変周波数のことを意味している。この高圧モーター用インバーターを用いることにより、電力会社から供給される電気の電圧、周波数を変換し、ポンプやファンなどの風水力機械を駆動する交流モーターの回転数をコントロールすることができる。簡単に言えば、電気の電圧と周波数を変えて交流モーターの回転数をコントロールする電力変換装置である。日立製作所はモーターにおいて約一〇〇年、インバーターにおいても三〇年を超える歴史を有しており、技術的にも安定的な水準に到達している。どちらもコモディティ化の進んだ成熟製品であるが、さまざまな基幹産業のキーコンポーネントになっている。

たとえば、高圧モーターの入力電力が三〇〇キロワットで、ファンを定格風量の八〇％の条件で使用する場合、インバーター導入前の消費電力二四〇キロワットに対して導入後の消費電力は一五〇キロワット程度になり、約四〇％の省エネルギーを実現することができる。一般に、インバーターを導入し、低い回転数でモーターを回す状況が多ければ多いほど、消費電力を小さくすることができる。とくに、HDRIVEが対象としているのは二五〇キロワット以上の高圧モーターを必要とする製鉄、石油化学、石油精製、セメント、紙パルプなど第一種特別高圧受電事業所であり、こうした事業所ではインバーターの導入による大きな省エネルギーの可能性を有している。

効率のよい最新式の機器を導入すれば省エネルギー効果を期待できるが、そうした機器は一〇〇〇万〜五〇〇〇万円にも及び、さらに機器を設置する工事費なども必要なため、今日の電力料金を考えると短期間で投資コストを回収することは難しい。同時に、操業リスクから省エネルギーの実現を確実に見通すこともできない。そのため顧客の多くは、効率が悪いとわかっていても旧式の機器を利用し続けることになり、新しい機器の導入は断念せざるをえない。

過剰な設備を抱える基幹産業では依然として投資抑制が続いており、ＨＤＲＩＶＥというビジネスは、まさに顧客が抱えている問題点を探り出し、その問題点に解決策をもたらす新しいソリューション・ビジネスである。高圧モーターやインバーターなどの資産は日立製作所側が保有し続けるが、それらを顧客側に無料設置し、原則として一〇年間のメンテナンス込みの省エネ・サービスを提供する。顧客側は毎月実現した省エネルギーの中からサービス使用料を支払い、残額を自己の利益とすることができる。省エネルギー額は操業時間や操業率によって変動するが、原則として顧客側による費用の持ち出しは発生しない。また、顧客側にもサービス提供者である日立製作所側にも、契約解除を申し出ることのできるルールとなっている。

日本電機工業会によると、高圧モーター（出力七五キロワット以上）の国内生産額は一九九一年の三二九億円をピークとして、九九年には三五％も落ち込んでいる（原田、二〇〇〇）。成熟市場というよりも、衰退市場に近い状況となっている。高圧モーターの売れ行きが冷え込むなか、受注増に取り組む日立製作所にとって、ＨＤＲＩＶＥビジネスは高圧モーターの需要を引き上げ、工場の稼働率をアップさせてくれる大きな救いとなるはずである。また、ＨＤＲＩＶＥの仕組みは機器の保有者となるクレジット会社側にも手数料が転がり込むことになっており、まさに、三方一両得のビジネス・モデルと言えるだろう。また、省エネデータが客観的に定量化されるため、現在導入が検討されている「環境税（炭素税）」の節約対策の一つにもなる。

●成功の鍵となったIT

HDRIVEビジネスの生みの親である起業室エクゼクティブ・プロデューサー（当時）の藪谷隆氏によると、その骨子はすでに一九九八年の段階で固まっていたという（恩蔵、二〇〇五）。ところが顧客側の省エネルギー効果を正確に捉える方法がみつからず、具体的な事業へと結びつけることに難航していた。新しいプロジェクトそのものが大きな壁に直面していたのである。

だが日立製作所の産業機器グループ（当時）には、一九九二年から手掛けていた「H-NET」と呼ばれる電気計測システムがあった。藪谷氏はこの計測システムに注目した。「H-NET」は企業が空調設備などの省エネルギー効果を調べるネットワーク・システムだが、遠隔監視しやすいように改良を加えることによりHDRIVEに応用することができた。モーターやボイラといったエネルギーを消費する機器にIT機能を持たせることで、設備ごとのエネルギー使用状況を随時監視できるようになった。

HDRIVEはすでにいくつかの受注を獲得しており、現在、五〇件を超えるサイトで稼働している。最初の二年間の伸びは緩やかであったが、三年を過ぎた頃から成長段階へと移行し、伸び率が高まってきている。

ＨＤＲＩＶＥをいち早く導入した工場に島根県の日立金属安来工場がある。特殊鋼のメーカーである同社は、さまざまな工具や部品の材料を供給している。とくに「ＹＳＳヤスキハガネ」ブランドで知られる刃物材料は、ジレットなどのカミソリ替え刃材として採用されており、世界で五〇％を超える市場シェアを誇っている。金属工場の内部では、熔解、熱間加工、冷間加工が繰り返されるため粉塵が舞い上がる。そこで、作業環境の改善のため粉塵を吸引する大型モーターが設置されている。ＨＤＲＩＶＥはこの大型モーターに取り付けることで省エネルギーが進められている。また、従来よりも強力なモーターに置き換えて効率のよい粉塵の吸引が行われれば、作業環境の改善による従業員の健康維持という点でも大きなメリットがあると言えるだろう。

宮城県にある大昭和製紙岩沼工場（現、日本製紙岩沼工場）も、いち早くＨＤＲＩＶＥを導入した企業の一つである。日立製作所は岩沼工場に対して揚水ポンプ用の高圧モーターを無料で設置し、ＨＤＲＩＶＥシステムを利用してもらうことで、二〇～三〇％の電力料金の節約を工場側にもたらしている。

●動く電気室ＡｚＭＡＲＩＮＥ

顧客によっては、ＨＤＲＩＶＥに関心を示しても、システムを設置するだけのスペースを持たない場合もあれば、スペースはあっても設置するためには大掛かりな工事を要する場合もある。そこで考案されたのが、動く電気室「ＡｚＭＡＲＩＮＥ（アッマリーン）」と称される移動可能なシステムである。車両で搬入でき、屋外機器扱いとなり建築申請が不要なので顧客の工場に即据付できる。インバーターなどのＨＤＲＩＶＥシステムを収納した一つの箱と考えればわりやすいだろう。しかも、外部端子箱によって他の配線と接続することができるので配線作業を簡素化でき、電気室の新築と比べて工事費を大幅に節約することができる。

このＡｚＭＡＲＩＮＥは、藪谷氏のパートナーでパワーエレクトロニクス部長であった故伊東孝氏によって二〇〇二年に発案され、〇四年に第一号機が導入された。ＨＤＲＩＶＥの販売促進策を練っていた伊東氏は、たまたま娘さんの引っ越しに立ち会った。そして、生活用品がぎっしり詰まったマリンコンテナを目にしたとき、「これだ」とひらめいたという。アルミ素材のマリンコンテナは防水に優れており、内部には空気調整器も装備されていた。ＨＤＲＩＶＥの心臓部分とも言える水や温度に弱いインバーターを格納し、しかも移動させるのにはもってこいであった。なお、名称の頭にあるＡｚ（アッ）とは、ＡからＺまでどこにでも配置できるという思いと、伊東氏の娘さんの名前がアッコさんであったことへの敬意が込められている。「AzMARINE」を使えば、解約時における電気室に関する顧客側のリスクは著しく低下される。日立製作所側としても、箱を撤収するだけで別の顧客に転用できるというメリットがある。顧客の抱えている問題を解決することで、HDRIVEというビジネスの内容は進化しているのである。

6　むすび

日立製作所では、時代のターニングポイントを迎えた今こそ大きなチャンスと捉えて、広範な技術と知識を融合し、果敢なチャレンジを試みようとしている（日立製作所、二〇〇四）。今回、取り上げたHDRIVEは、そうしたチャレンジによる一つの成果とみてよいだろう。

高い収益性を維持してきている企業をみると、数回にわたり自社の利益モデルを大きく転換してきている。GE、コカ・コーラ、ディズニー、インテルなど、いずれも企業の再構築がなされ、利益モデルが刷新されてきている。逆に、いくら大きな市場シェアを有していても、利益モデルの転換がなされていない企業は低迷してしまう（Slywotzky and Morrison, 1997）。HDRIVEビジネスそのものは、日立製作所全体から見ればわずかなウェイトしか有していない。だが、わが国屈指の製造企業である日立製作所の今後のあり方に及ぼす影響は、決して小さくないはずである。組織全体として、HDRIVEビジネスの本質や意味を考えてみる必要があるだろう。

HDRIVEは平成一六年度（第一回）エコプロダクツ大賞のエコサービス部門において、エコプロダクツ大賞推進協議会会長賞の一つに選ばれている。エコプロダクツ大賞とは、環境負荷の低減に配慮した優れた製品やサービスを表彰することによって、エコプロダクツの供給者である企業等の取り組みを支援し、わが国におけるエコプロダクツの開発や普及の促進を図るとともに、エコプロダクツに関する正確な情報を需要者サイド（事業者、消費者等）に広く伝えようとするものである（エコプロダクツ大賞推進協議会、二〇〇四）。

日立製作所には、「技術を通じて社会に貢献する」という創業時からの理念がある。優れたビジネスの仕組みは、当事者に利益をもたらすだけではなく、環境をはじめとする社会全体に貢献し、社会全体をより豊かにする働きがある。HDRIVEはまさに日立製作所が、そして小平浪平氏が追い求めてきたものをわれわれに再び示してくれているともいえよう。コモディティ化に直面している今日、多くの企業が改めて自社の利益モデルを見直すべき段階にあると言えるだろう。

◆参考文献

エコプロダクツ大賞推進協議会（二〇〇四）『平成一六年度第一回エコプロダクツ大賞』。

原田洋（二〇〇〇）「ＩＴ製造業30」『日経産業新聞』六月三日付。

日立製作所（二〇〇〇）「ハードウェアが持つ省エネルギー効果をサービスの形で提供する新ビジネス日立モータードライブ省エネルギーサービス「ＨＤＲＩＶＥ」を開始」『ニュースリリース』二月八日付。

日立製作所（二〇〇四）『日立製作所会社概要』。

石井裕明・恩蔵直人（二〇〇七）「トッパンフォームズによるソリューション事業――フォーム事業からＤＰＳ事業への展開」『マーケティング・ジャーナル』第一〇四号、七七-八九頁。

加藤勝美（一九八五）『技術王国・日立をつくった男――創業者小平浪平伝』ＰＨＰ研究所。

松下電工（二〇〇五）「あかり安心サービスご案内」松下電工ホームページ。

日本経済新聞社編（二〇〇〇）「小平浪平」『20世紀日本の経済人』日本経済新聞社（日経ビジネス人文庫）二〇三-二一〇頁。

小野譲司（二〇〇四）「ハイタッチ・サービスの仕組み革新」嶋口充輝編『仕組み革新の時代――新しいマーケティング・パラダイムを求めて』有斐閣、一六五-二〇七頁。

恩蔵直人（一九九七）「キッコーマンによる特選丸大豆しょうゆの導入」『マーケティング・ジャーナル』第六八号、六八-七八頁。

恩蔵直人（二〇〇五）「日立製作所『ＨＤＲＩＶＥ』ビジネス」『マーケティング・ジャーナル』第九七号、九六-一〇六頁。

Slywotzky, Adrian J. and David J. Morrison (1997) *The Profit Zone: How Strategic Business Design Will Lead You to Tomorrow's Profits*, Times Books（恩蔵直人・石塚浩訳『プロフィット・ゾーン経営戦略――真の利益中心型ビジネスへの革新』ダイヤモンド社、一九九九年）.

藪谷隆（二〇〇三）「省エネドライブ再提案」『ボイラ研究』第三一八号、四-五頁。

あとがき

コモディティ化した市場において、企業はどのようなマーケティング戦略を展開すべきなのか。伝統的なマーケティング論理のどこを見直し、どのように修正すべきなのか。今日、マーケティングは大きな課題に直面している。もちろんブランド論や経験価値論などによって、コモディティ化に対応する解決策は個別に論じられている。しかし、マーケティング全体としての新しい論理はこれまで明示されていなかった。マーケティングが対象とするビジネス環境が大きく変化している限り、マーケティング論理もそうした環境変化に適合していかなければならない。本書の執筆は、このような問題意識を出発点としている。

コモディティ化の進行はとどまることなく、今日ではマーケティング課題というよりもビジネス全体の課題となっているように思われる。実務家たちとの会話のなかにも、「コモディティ化」という言葉は頻繁に登場しており、彼らの悩みの大きさを改めて感じ取ることができる。

その一方で、コモディティ化に対する認識は必ずしも一様ではなく、コモディティ化に有効な方策もほとんど持ち合わせていないようである。こうした状況下での本書の出版はまさに時宜にかなっており、新たなマーケティング研究の切り口を提供できるものと考えている。また、コモディティ化に悩む実務家に対しては、少なからず貢献できるものと信じている。

＊　＊　＊

本書は、これまでに書きためてきた多くの原稿を大幅に加筆修正して、再構成したものである。学術的な論文、学会報告の要旨、講演録、雑誌のコラムや連載など、この数年間、筆者の頭のなかに常に存在していた「コモディティ化への挑戦」という問題意識に関するものが集大成されている。

一冊分の原稿を一気に書き下ろすことは、現在の授業負担などを考えると、サバティカルでもとらない限り時間的に難しい。どうしても、部分的に発表してきた成果に頼らざるをえず、これまでの蓄積を最大限に活用することとなった。とくに雑誌の連載は、少しずつではあるが筆者の考えを整理する絶好の機会であり、多くの章のなかで生かされている。日々の仕事に追われ逃げ出したくなるようなときでさえ、原稿の締め切りは毎月のようにやってくる。厳しく原稿を取り立ててくれた編集担当者には心より感謝している。

もちろん、一冊の書籍としてまとめるためには、過去の原稿を単に寄せ集めるだけでは不十分であり、全体としての論理的整合性を保つことはもちろん、事例やデータなどの多くを改訂する必要があった。結果的に、有斐閣から本書の企画を頂いてから上梓までに約一年を要してしまった。

＊　＊　＊

本書の執筆に当たっては、多くの人々のご支援とご理解を得た。まず、学部および大学院を通じての指導教授であった早稲田大学名誉教授、原田俊夫先生に感謝を申し上げたい。原田先生とは、先生が早稲田大学をご退職後も年に数回お目にかかる機会をいただいているが、先生を前にすると今でも大学院生であった頃を思い出す。原田先生には、研究者や教育者としての心構えを常に学ばせていただいている。また、宮澤永光先生、亀井昭宏先生、武井寿先生、嶋村和恵先生、守口剛先生には、あるときは恩師として、またあるときは同僚としてご指導を頂いている。

早稲田大学大学院の恩蔵ゼミナールに所属するメンバーとは、日頃のゼミでの議論、早稲田大学マーケティング・コミュニケーション研究所での共同研究などを通じて、多くの刺激をお互いに与え合っている。彼らとの議論の中で生まれたアイデアや共同研究での成果は、本書の随所で生かされている。私を最新のマーケティング研究の場にとどめてくれているのは、まさに彼らであると感じている。とくに、須永努氏（千葉商科大学専任講師）と石田大典氏（早稲田大学大学院博士後期課程）には本書の最終ゲラに目を通してもらい、誤植をはじめ忌憚のない意見や指摘をいただいた。また、石井裕明氏（早稲田大学大学院博士後期課程）にはいくつかのデータ収集をお願いし、期待どおりのデータを入手してもらった。貴重な時間を割いてくれた彼らには、改めて感謝の言葉を贈りたい。

最後となったが、本書の出版を企画し、編集の労をお取りいただいた有斐閣書籍編集第二部の柴田守氏と尾崎大輔氏には、この場を借りてお礼申し上げたい。お二人には、さまざまなアドバイスをいただき、本書の内容をより魅力あるものへと導いてもらった。

本書によって、マーケティング研究のさらなる発展が促され、実務界に何らかの貢献ができたならば幸いである。

二〇〇七年六月

恩蔵　直人

索　引

あ 行

か 行

さ　行

た　行

な　行

は　行

ま　行

や　行

ら 行

わ 行

【著者紹介】

恩蔵 直人（おんぞう・なおと）

1959年，神奈川県秦野市に生まれる
1982年，早稲田大学商学部卒業
1996年，早稲田大学商学部教授
現　在，早稲田大学商学学術院教授

主要著作

『製品・ブランド戦略』（共編）有斐閣，2004年。

『コトラー，アームストロング，恩藏のマーケティング原理』（共著）丸善出版，2014年。

『マーケティング戦略（第５版）』（共著）有斐閣，2016年。

『マーケティングに強くなる』筑摩書房（ちくま新書），2017年。

『マーケティング（第２版）』日本経済新聞出版社（日経文庫），2019年。

コモディティ化市場のマーケティング論理

Marketing Strategies against Commoditization

2007年６月30日　初版第１刷発行
2021年３月25日　初版第６刷発行

著　者　恩　蔵　直　人

発行者　江　草　貞　治

発行所　株式会社　有　斐　閣

郵便番号　101-0051
東京都千代田区神田神保町２-17
電話　(03)3264-1315〔編集〕
(03)3265-6811〔営業〕
http://www.yuhikaku.co.jp/

印刷　株式会社暁印刷／製本　牧製本印刷株式会社

ISBN 978-4-641-16301-0